奋进中的郑州大学信息管理学院

孙新成 臧国全 主编

郑州大学出版社

图书在版编目(CIP)数据

奋进中的郑州大学信息管理学院 / 孙新成，臧国全主编. -- 郑州 : 郑州大学出版社，2024.6

ISBN 978-7-5773-0329-1

Ⅰ. ①奋… Ⅱ. ①孙…②臧… Ⅲ. ①郑州大学信息管理学院 - 概况 Ⅳ. ①G649.286.11

中国国家版本馆 CIP 数据核字(2024)第 085764 号

奋进中的郑州大学信息管理学院

FENJIN ZHONG DE ZHENGZHOU DAXUE XINXI GUANLI XUEYUAN

策划编辑	孙保营	封面设计	王　微
责任编辑	胡佩佩	版式设计	苏永生
责任校对	王孟一	责任监制	李瑞卿
出版发行	郑州大学出版社	地　　址	郑州市大学路 40 号(450052)
出 版 人	孙保营	网　　址	http://www.zzup.cn
经　　销	全国新华书店	发行电话	0371-66966070
印　　刷	河南文华印务有限公司		
开　　本	710 mm×1 010 mm　1 / 16		
印　　张	13.25	字　　数	198 千字
版　　次	2024 年 6 月第 1 版	印　　次	2024 年 6 月第 1 次印刷
书　　号	ISBN 978-7-5773-0329-1	定　　价	89.00 元

编委会名单

主　编　孙新成　臧国全

副主编　王传芳　郭少友　杨瑞仙　张晓培

编　委　（按姓氏笔画排序）

王　平　王欣瑶　王思君　付　悦

乔慕华　刘海丽　孙大东　孙靖一

李宗富　苗含雨　金　燕　郎春林

赵　宇　袁　静　柴艺喆　高萌萌

郭喻楠　程绍龙　谭铂洋

序

欣逢盛世，郑州大学信息管理学院适时编写《奋进中的郑州大学信息管理学院》一书，总结学院近四十年的发展状况，以存历史真容，扬前辈业绩，求发展途径。学院负责同志嘱我写序，作为信息管理学院建设发展的亲历者，我感到很荣幸。

顺应时代潮流，知难而进

郑州大学于1985年设立图书馆学系，开始招收首届图书馆学专科生，1987年招收档案学本科生，1988年招收首届图书馆学本科生，1998年招收首届信息管理与信息系统本科生。1991年图书馆学系改为图书情报学系，1994年改为信息管理系，2013年改为信息管理学院。1998年在国务院第七批学位点建设中获得图书馆学硕士学位授予权；2003年获得情报学硕士学位授予权；2006年获得图书馆、情报与档案管理硕士学位授予权，同时获得档案学二级学科硕士学位授予权；2011年获得图书情报硕士专业学位授予权；2021年获得图书情报与档案管理一级学科博士点。学院知难而进，顺势发展，成绩可圈可点。

20世纪80年代中期以后，随着教育层次更加多样化，教育内容、方法和管理体制不断变革和调整，图书馆事业建设的需要扩大，图书馆学教育应运而生。图书馆学系在奠基阶段，由崔慕岳、路银生、丁树筠参与筹备；在成立时，由崔慕岳任主任、朱学任书记、侯凤仁任副主任组成第一届系领导班子，另有王国强、徐丽娜、代根兴、刘延章等近十位教师和工作人员，图书馆学系成立之初，办公条件、教学环境都比较简陋。为了办好图书馆学系，系领导班子同心同德,全力以赴,着重抓了两个方面的工作。

一方面,加强师资队伍的建设。在全国图书馆学教育高级专门人才匮乏的情况下,图书馆学系采取了“积极引进”和“自己培养”相结合的措施,先后从全国各地图书馆中遴选了一批既有丰富实践经验又具有较高学术水平的中年骨干。他们走上教学岗位以后很快便成为图书馆学系教学科研的中坚力量,发挥了较大的作用。在郑州大学合校前15年的发展中,图书馆学系逐步形成了一支优秀的教师队伍,一批中青年教师成长起来,像柯平、代根兴、索传军等在各个领域都卓有建树,承担国家、教育部和河南省的多项项目,产生了一批有影响的学术成果。

另一方面,注重文化课与专业课的结合,为河南图书馆事业培养了一大批高端人才和业务骨干,并形成良好的传统。同时,图书馆学系也注重教学质量的提高,重视教学网络化、课件多媒体化、资料数字化,在专科、本科、硕士3个层次的教育教学都取得了很大的成绩,并形成了一个包括函授、“夜大”、远程教育、专业进修、研究生课程进修班、“大学后”高端培训、专业公开讲座在内的多层次多形式的继续教育体系。

在对外合作交流方面,目前信息管理系与国内的北京大学、武汉大学等高校有长期合作交流关系,通过这些交流,取长补短,有力促进了图书馆学系的发展。

信息管理学院创建时不到10位教师,现已发展为教职工43人,其中教授14人,副教授11人,占专任教师的55%。博士25人,占专任教师的67%。4人为郑州大学特聘教授,2人分别担任教育部档案学、图书馆学学科教育部教学指导委员会委员。

学院从最初的萌芽,到如今的高质量发展,为河南输送了一大批图书馆学、情报学、档案学等多个领域的优秀人才,也为郑州大学哲学社会科学的建设与发展增添了强劲动力。

精诚团结协作,实现跨越发展

跨进新世纪后,汇集学科力量,凝聚发展方向,提升综合实力,是促进图书情报与档案管理(以下简称“图情档”)学科高质量发展的必然要求。

2000 年，新的郑州大学成立，随后郑州大学又进入了一流大学建设序列的新阶段。信息管理学院紧跟学校发展步伐，在人才培养、师资建设、学科建设、科研创新、社会服务等方面交出了一份非凡的答卷，度过了开拓、奋进、跨越的峥嵘岁月，为中国式现代化建设做出了新贡献，实现了多项跨越发展。

一是近四十年来，人才培养层次从专科到本科、从硕士到博士，完成了图情档学科人才培养的全布局。目前，信息管理学院研究生教育设有 1 个一级博士学位授权点（图书情报与档案管理），3 个硕士学位点（图书馆学、情报学、档案学）和 1 个专业硕士学位点（图书情报硕士）。其中，图书情报与档案管理一级学科是河南省重点建设学科。此外，还拥有 2 个国家级一流本科专业和一个省级一流本科专业。本科生层面，从图书馆学专业，发展到信息管理与信息系统专业，再到档案学专业，完成了图情档学科 3 个基础专业人才培养领域的全覆盖；从省级一流建设专业进入国家一流建设专业，完成了图情档学科 3 个基础专业人才培养质量的全提升。研究生层面，从硕士学位授权点发展到博士学位授权点，实现了图情档学科硕博教育的全贯通。从图书馆学二级学科硕士点，发展到图书情报与档案管理一级学科硕士点，再到图书情报硕士专业学位授权点，实现图情档学科硕士生培养领域的全覆盖。

二是科学研究从省部级科研奖到国家级科研基金，从学术论文到学术专著，完成了图情档学科科学研究活动的全覆盖。基金项目方面，从国家自科基金到国家社科基金，从国家青年项目到国家一般项目和面上项目，从国家重点项目到国家重大项目，实现了图情档学科国家级基金项目类型与级别的全覆盖。科学研究在理论上进一步深化、创新，实践上进一步拓展、延伸。在信息资源管理学科方向上产出高质量成果，回应国家重大需求，服务于我国社会、经济、科技和文化建设与发展，贡献智慧和力量。

三是学术奖励方面，从厅局级奖励到省部级奖励，从三等奖到一等奖，实现了图情档学科奖励类型和奖励级别的全覆盖。从权威出版社的学术专著到 TOP 级别的学术论文，实现了高级别学术论著的全覆盖。

四是信息管理学院加强了学术与交流活动，深受国内学术界的重视与赞许。在学术活动的参与上，崔慕岳、臧国全任中国图书馆学会理事，崔慕岳任教育部图书馆学学科教学指导委员会副主任、第一届至第三届教育部高等学校图书情报工作指导委员会副主任、河南省高校图工委主任、河南省图书馆学会副理事长，陈忠海、臧国全任河南省图书馆学会、河南省科技情报学会副理事长等，还有王国强等多位老师在中国图书馆学会、河南省图书馆学会、河南省档案学会等多个学术团体任常务理事、理事和分委员会的主任委员、副主任委员、委员等职，在全国和省市级学术活动中十分活跃，起到了不可忽视的学术推动作用。

2022年9月，国务院学位委员会和教育部颁布了第五版的《研究生教育学科专业目录》，将原来的一级学科"图书情报与档案管理"调整为"信息资源管理"。信息管理学院的人才培养和科学研究也需按照"信息资源管理"的学科定位，调整与新学科目录定位相适应的人才培养机制和科学研究范式，为壮大信息资源管理学科、培养新时期的信息管理人才做贡献。

精心传经布道，贤英灿烂

信息管理学院注重教学质量的提高，重视教学网络化、课件多媒体化、资料数字化，一直把控招生数量，追求高水准的教学质量。注重理论与实践结合、文化课与专业课并重，学生的知识基础比较扎实，有很好的发展潜力。在本科层次，遵照学校的"笃信，仁厚，慎思，勤勉"校风要求，培养学生的创新意识。在硕士生层次，注重理论与实践相结合，着重培养领导型并具有创新能力的专业应用人才，提高学生的精神文化素养、思想道德修养和价值判断能力，培养具有理想信念、创新思维，重实践、有担当的信息管理人才。

在人才培养方面，强化守正创新，守护已有的图书馆学、情报学、信息管理与信息系统、档案学，以及图书情报的本科生和研究生培养阵地，创新信息资源管理的特色领域，培养信息资源的配置与规划、建设与规制、组织与开发、共享与服务等方向的人才。围绕人才培养模式、创新创业教育、专业综合改革、教育教学方法、教学质量保障、教学评价体系、课程思政建设、教师教学信息化、课程体系改革等方面，持续开展教学研究改革实践，全面推进组织模式创新、理论研究创新、内容方式创新和实践体系创新。推进覆盖所有院系、所有课程、所有学生的课程教育教学改革，建立线上、线下、混合式、虚拟仿真实验教学、社会实践等多种形式、门类多样的示范课程群。主持、参与多项省级高等教育教学改革研究与实践项目，获得省级教学成果奖多项。同时，注重理论素养的培育，着重培养具有独立从事创新性研究的专门人才。学院信息管理系注重开放与国际合作，拓展与海内外同行的学术交流，每年都选派教师赴海外深造或讲学，邀请海内外学者来系讲学、演讲或学术合作。目前学院与海内外有关高校有长期合作交流关系。通过这些交流，取长补短，有力促进了本院的发展。

数千名优秀毕业生从这里奔向祖国各地，走向五湖四海。一大批毕业生已成长为所在单位的骨干和中坚力量，如河南省图书馆馆长孔德超、河南中医药大学图书馆馆长雷天峰、南阳理工学院图书馆馆长安新华、南阳市图书馆馆长周献红等。相信在不远的将来，一大批毕业生将会取得更加丰硕的业绩！

信息管理学院取得的成绩是几代人锐意进取、奋力拼搏的结果，也是与各级领导、社会各界、兄弟院校、海内外专家、校友的大力支持分不开的。

踔厉奋发布局，未来可期

薪火绵延，弦歌不辍，事业赓续，学科发展是学院发展的一件大喜事，但同时我们也要认清在新时代所面临的形势，全面迎接新的发展机遇期。

一是要用初心和勇气下好新棋局。学科发展始终与社会环境的变化密切相关，因此，在历史进程中对学科进行整体审视和战略考察尤为重要。

二是适应新文科建设，提高图情档教学质量，做好人才培养工作。2020 年 7 月 29 日，习近平总书记就研究生教育工作作出重要指示，提出要瞄准科技前沿和关键领域，深入推进学科专业调整，提升导师队伍水平，完善人才培养体系，加快培养国家急需的高层次人才等内容。在此背景下，图情档教育应不断顺应市场体制机制改革，不断加大数据元素的灌输，重视学生的数据素养和信息素养培育，提升学生新一代信息技术实践和应用能力，培养出适应新业态的复合型和引领型人才。

三是走国际化与本土化融合的图情档建设路径。在一流学科建设背景下，如何做好国际化和本土化的融合，是下一代图情档创新发展的重要战略议题。图情档发展应着眼于自身的“初心”，在建构国际化发展视野的同时，更加重视本土原创性的研究，推动图情档的自主性发展和可持续发展。

学院必将进一步深化学科发展，加强团队建设，注重凝练，突出优势学科、优势方向的优先发展地位，在图书情报与档案管理学科建设中有所作为；继续以质量建设和创新服务为抓手，积极培养社会需要的高级专门人才，服务社会经济发展；与校内外兄弟院系、企事业单位和科研机构加强沟通、紧密合作，抓住文化繁荣的时代发展契机，抓住交叉学科与新兴学科的大好发展机遇，又好又快地推进学科发展。站在发展新起点，开启科学新长征。重任在肩，信息管理学院殷切期待国内外同仁能一如既往地支持信息管理学院的发展，将竭尽所能地与学界同仁共同成长，携手共进！

面向未来，信息管理学院在学校领导下，会始终牢记党和人民的重托，不忘初心，勇担使命，踔厉奋发，推进一流大学学院建设新局面，以更高标准追求卓越，以更高水平创建一流，为国家做出更大贡献。

借此机会，对支持学院发展的校内外各级领导、各位专家、兄弟院校、各界友人表示衷心的感谢！向在各历史阶段中为学院发展做出贡献的历任领导、教师、离退休干部职工表示深深的敬意！向辛勤工作的全体教职员工、勤奋学习的各位同学、在海内外耕耘奉献的广大校友表示诚挚的问候！

衷心祝愿信息管理学院，抓住历史机遇，面向国家战略需求，为国家经济建设和社会发展做出应有的贡献，在信息资源管理学科建设中再创辉煌。

是为序！

崔慕岳

2023 年 6 月

前言

在即将迎来郑州大学信息管理学科设立四十周年之际，我们编写了《奋进中的郑州大学信息管理学院》一书，回顾了学院近四十年的发展历程，展示了学院的辉煌成就和良好形象，表达了学院的奋斗目标和美好愿景。

作为本书的编者，我们感到非常荣幸和自豪。这是一本具有重要历史价值和现实意义的书籍，它不仅记录了学院的过去，也展望了学院的未来；它不仅反映了学院的特色，也体现了学院的精神；它不仅是一本纪念册，也是一本教科书。

编写这本书的过程是艰辛而又快乐的。我们从海量的资料中筛选、整理、核对、撰写，力求做到全面、准确、客观、生动。我们从众多的校友中联系、采访、收集、编辑，力求做到广泛、典型、真实、感人。我们从多方面的角度分析、评价、总结、展望，力求做到深入、科学、客观。在这个过程中，我们遇到了很多困难和挑战，但是我们没有放弃，而是克服了一个又一个难关，最终完成了这本书的编写。

在编写这本书的过程中，既有感悟又有收获。我们从这本书中了解了学院的发展历史，感受了学院的发展变化，认识了学院的发展规律，也势必会激发学院的发展动力。我们从这本书中看到了学院的优秀师生，看到了他们的优秀品质和成就，明确了学院的定位和方向，也进一步明确了学院的任务和责任。作为信息管理专业的教师和研究者，我们深刻地认识到信息管理学科在当今社会中扮演的重要角色和肩负的重大使命。信息管理不仅是一门科学技术，更是一种思维方式和方法论；信息管理不仅要关注信息本身，更要关注信息对人类社会和自然环境的影响和价值；信息管理不仅要追求技术创新和应用推广,更要追求社会效益和人文关怀。

作为郑州大学信息管理学院的成员,我们深深地感受到信息管理学院在郑州大学乃至全国高校中所具有的独特优势和鲜明特色。信息管理学院拥有一支高水平、高素质、高效率、高凝聚力的师资队伍,培养出一批批优秀、创新、实用、合格的毕业生,在教育教学、科研创新、社会服务等方面取得了显著成绩,在国内外享有较高声誉。

在新时代,信息管理学院在中国特色社会主义事业中将发挥重要作用和承担历史责任。信息管理学院将始终坚持以习近平新时代中国特色社会主义思想为指导,紧紧围绕党和国家中心工作,服务国家战略需求,服务地方经济社会发展,服务人民群众幸福安康,在推动建设世界一流大学和世界一流学科方面做出积极贡献。

在此,我们衷心地感谢所有参与本书编写工作的同事们。他们付出了大量的时间和精力,展现了高度的责任感和专业精神,是本书编写工作的主力军和功臣。

我们也衷心地感谢所有支持本书编写工作的领导们和校友们。他们给予了我们宝贵的指导和帮助,提供了丰富的资料和信息,是本书编写工作的领航者和后盾。

最后,我们衷心地感谢所有阅读本书的读者们,你们是本书编写工作的目标和动力。我希望这本书能够给你们带来知识、启迪和乐趣。

由于时间原因* 和资料的限制,本书的内容难免有错漏之处,希望《奋进中的郑州大学信息管理学院》一书的出版只是一个开始,恳请读者诸君能够给我们提出宝贵的意见和建议,让我们不断改进和完善。

编者

2023 年 8 月

* 注:本书所有数据截止时间为 2023 年 6 月 30 日。

目录

第一部分　学院概况

郑州大学信息管理学院前身是组建于1985年的郑州大学图书馆学系，历经图书情报学系、信息管理系之后，于2013年更改为信息管理学院，是河南省图书、情报、档案、信息管理专业人才的培养基地，全国学科排名保持在前列。现有信息管理与信息系统、图书馆学、档案学3个教研室，4个专业实验室，2个多媒体教室，2个微机室，共有160台机器可供学生上机实习。文献资料中心拥有中外图书1万余册，中外文期刊70余种。

学院本科教育设有图书馆学、信息管理与信息系统、档案学3个本科专业，图书馆学专业于1985年开始招生，档案学专业于1987年开始招生，信息管理与信息系统专业于1999年开始招生。图书馆学是研究图书馆的发生发展组织管理，以及图书馆工作规律的科学，旨在培养对图书馆的学科发展和工作实践具有较强的创新意识、研究能力和管理能力的高级人才。信息管理与信息系统专业是集信息技术与管理科学于一体、实践性和创新性很强的交叉学科，主要培养能够从事管理信息系统分析、设计、实施与评价等方面的应用型高级专门人才。档案学是探索档案、档案工作和档案事业发展规律的学科，培养能够从事档案和文件管理以及办公室业务、档案行政管理、档案学教学与研究等工作的应用型高级专门人才。

学院研究生教育设有1个一级博士学位授权点（图书情报与档案管理），2012年，在“公共管理”一级博士学位授权点下设置公共信息资源管理研究方向并开始招生；3个硕士学位点（图书馆学、情报学、档案学）和1个专业硕士学位点（图书情报硕士），图书情报与档案管理一级学科硕士学位授权点于2006年获批；图书馆学硕士点于1998年获批，1999年开始招生；情报学硕士点于2003年获批，2004年开始招生；档案学硕士点于2006年获批，2007年开始招生；图书情报专业硕士点于2010年获批，2011年开始招生。图书情报与档案管理一级学科是河南省重点建设学科。2021年，图书馆学专业获批2020年国家一流本科专业建设点，成为全国7所图书馆学一流本科专业建设点之一，郑州大学档案学专业入选河南省一流专业学科建设点，图书情报与档案管理一级学科博士点获得批准。2022年，郑州大学信息管理与信息系统专业入选国家级一流本科专业建设点。

学院现有教职工43人，其中教授14人，副教授11人，占专任教师的

55%。有博士 25 人，占专任教师的 67%。4 人为郑州大学特聘教授，2 人分别担任教育部档案学、图书馆学学科教学指导委员会委员，6 人被确定为河南省优秀中青年骨干教师，1 人被确定为河南省高校新世纪优秀人才，7 人被确定为郑州大学优秀中青年骨干教师。拥有一支教学经验丰富、科研实力强、学术方向明确、学科和学缘结构合理的教师队伍，所有学科带头人在全国均有一定的学术地位和影响力。

经过 30 多年的发展，信息管理学院已经成为河南省名副其实、优势明显、在全国具有一定影响的图书馆学、情报学与档案学人才培养基地和学术研究中心，为国家培养了大批档案学、图书馆学、信息管理与信息系统专业人才，毕业生遍布全国各级各类档案局（馆）、各类图书馆和科技情报部门，以及党政机关、社会团体、企事业单位。历届本科毕业生就业率保持在 90% 以上，考研率保持在 40% 以上。

信息管理学院教职工合影

信息管理学院行政教职工合影

从左往右：阴春枝，强钰婉，郭少友，郭喻楠，杨瑞仙，孙新成，王传芳，张红霞，臧国全，郎春林，罗跃军

信息管理学院图书馆学专业教职工合影

从左往右：张雅琪，刘海丽，王平，杨晓农，王春迎，李敏，李娜娜

信息管理学院档案学专业教职工合影

从左往右:常大伟,李宗富,尚新丽,邢变变,马双双,魏斌,李文以,金凡,孙大东

信息管理学院信息管理与信息系统专业教职工合影

从左往右

前排:杨瑞仙,臧国全,鲁晓明,张凯亮,郭少友,王娜,周拴龙,付立宏

后排:金燕,徐爱琴,李雪,郎春林,孙倬,袁静,周春雷,高晓宁,耿瑞利,赵天昀,毕崇武

第二部分　领导班子

一　现任领导班子

现任信息管理学院领导班子(2019年至今)

职务	姓名
党委书记	孙新成
院长	臧国全
党委副书记	王传芳
副院长	郭少友
副院长	杨瑞仙

信息管理学院领导班子合影

从左往右：郭少友，臧国全，孙新成，王传芳，杨瑞仙

二 历届领导班子

图书馆学系领导班子(1985—1987年)

职务	姓名
党支部副书记	朱　学
副主任	崔慕岳
副主任	侯凤仁

图书馆学系领导班子(1987—1991年)

职务	姓名
党支部副书记	朱　学
主任	崔慕岳
副主任	侯凤仁

图书情报学系领导班子(1991—1994年)

职务	姓名
党支部(1992年为总支)书记	朱　学
主任	崔慕岳
副主任	侯凤仁
副主任	柯　平(1994年7月任职)

信息管理系领导班子(1994—1998 年)

职务	姓名
党总支书记	朱　学(1995 年 12 月退休) 武跃民(1995 年 12 月—1996 年 12 月任职) 王振国(1996 年 12 月—1998 年 6 月任职)
主任	柯平(1995 年 10 月任职)
副主任	侯凤仁
副主任	焦志军
副主任	代根兴

信息管理系领导班子(1998—2001 年)

职务	姓名
党总支书记	董友梅(1998 年 10 月任职)
副书记	管永昌、骆玉安
主任	柯　平
副主任	代根兴

信息管理系领导班子(2001—2005 年)

职务	姓名
党总支书记	焦世君
主任	柯　平(2002 年 4 月调离)
党总支副书记	骆玉安(2004 年 6 月调离) 袁风兰(2004 年 7 月任职)
副主任	陈忠海
副主任	邵德益
副主任	索传军(2004 年 7 月任职)
副主任	臧国全(2004 年 7 月任职)

信息管理系领导班子(2005—2009年)

职务	姓名
党总支书记	陈忠海
主任	索传军(2007年6月调离)
党总支副书记	袁风兰
副主任	邵德益
副主任	臧国全

信息管理系*领导班子(2009—2015年)

职务	姓名
党总支书记	袁风兰
主任(院长)	陈忠海
党委副书记	段武俊
副主任(副院长)	臧国全
副主任(副院长)	郭少友(2011年12月任职)

*(注:2013年,信息管理系改名为信息管理学院)

信息管理学院领导班子(2015—2019年)

职务	姓名
党委书记	孙新成
院长	陈忠海
党委副书记	段武俊
副院长	臧国全
副院长	郭少友

第三部分　编年大事记

一　年份大事

1984 年

7 月，河南省人民政府批准郑州大学图书馆学专业招生。

1985 年

8 月，学校研究决定成立图书馆学系，组建党政领导班子：崔慕岳任系副主任，主持全面工作，朱学任系党支部副书记，主抓党务工作；侯凤仁任系副主任，主抓行政工作。

9 月，图书馆学系成立党支部并召开第一次党支部大会。

是月，图书馆学专业第一届专科班招生。

是月，资料室建立。

9 月 28 日，学校学生工作指导委员会召开首次新闻发布会，会上宣布新增设了图书馆学系。

12 月，崔慕岳获校级“为人师表教书育人”优秀教师。

1986 年

1 月，获全校文艺汇演第 1 名。

3 月，荣获 1985 年郑州大学群体竞赛工作先进集体。

3 月 6 日，河南省教育厅同意学校增设档案学专业，学制 4 年，1986 年开始招生。

4 月，邀请美籍华人图书馆学专家许丽霞、赵婉贞教授在郑州大学小礼堂讲学。

4 月 26 日，图书馆学系教工青年业余歌手王玲在“全国第二届青年歌手电视大奖赛”中，进入全国业余组民歌唱法前十名，被评为“优秀歌手”。

是月，王玲、殷春红获“全国第二届青年歌手电视大奖赛十佳优秀歌手”称号。

9 月，为庆祝建校三十周年和建系一周年，举行了图书馆学讨论会，参加讨论的有郑州市各类型图书馆的负责人 40 余人。

11 月，图书馆学系受河南省教委委托，撰写《图书馆学“七五规划”》，这是省教委委托于郑州大学的八个学科之一。

是年，学校拨专款建系实习室。

是年，获学校科研奖 18 项(二等奖 2 项，三等奖 11 项)。

是年，郑州大学向国家教委申请设置档案学专业并获得批准，王金玉、王星光、陈忠海、黄俊琳、毛安福五位老师作为创办人承担了专业筹备工作任务。

1987 年

4 月，获郑州大学第 19 届田径运动会学生女子组团体总分第四名。

5 月，美国哈佛大学燕京图书馆馆长吴文津博士来图书馆学系进行学术交流，被聘为图书馆学系兼职教授。

是月，召开了以图书馆读者工作为主题的第二次学术讨论会，并编印论文集。

是月，获校 17 项科研成果奖(二等奖 1 项，三等奖 16 项)。

是月，图书馆学系党支部被评为校级先进党支部。

是月，图书馆学系获校级文艺汇演两项特别奖和一项最佳组织奖。

12 月，郑州大学党字(1987)52 号文件党委研究决定崔慕岳任图书馆学系主任。

是年，郑州大学档案学专业开始招收第一届本科生。

1988 年

10 月，图书馆学系被评为暑假社会实践活动先进集体。

11 月，图书馆学系讨论并完成《图书馆学系三年科研规划》。

12 月 5 日，河南省教委批准学校增设计算机软件、高分子材料、检测技术及仪器、图书馆学、社会工作与管理等专业。

是年，学校投资 45000 元建设实验室。

是年，向河南省教委提出增设图书馆学本科专业并从 1989 年开始招生的申请，见郑州大学校字(1988)239 号文件，得到省教委的批准，见省教委高教一字(1988)433 号文件。

1989 年

1 月，郑州大学校青字(1989)1 号文件表彰：图书馆学系团总支为先进集体，图书馆学系 1988 级 1 班为先进团支部，图书馆学系团总支工作积分奖励全校第二名。

2 月，朱学被评为校级思想政治教学先进工作者；朱学被评为 1988—1989 学年优秀政工干部。

4 月，侯凤仁获校级优秀教育工作者。

是月，刘延章获郑州大学优秀教学二等奖。

1990 年

6 月，代根兴赴广州中山大学参加全国第五届图书馆学情报学中青年学术研讨会。

9 月，图书馆学系选派刘慧萍赴美国布卢菲尔德州立学院攻读博士学位。

是月，图书馆学系三位教师赴武汉大学图书情报学院助教班学习。

是月，柯平获评 1990 年度“三育人先进个人”。

10 月，图书馆学系组织专门小组赴武汉大学图书情报学院考察实验室建设，并研究图书馆学系的实验室发展，完成了《郑州大学图书馆学系实验报告》。

是月，吴文津博士捐款 4 万元，购买美国原版图书。

11 月，根据《河南省教委教育发展“八五”计划和十年规划纲要》和《郑州大学教育发展“八五”计划与十年规划纲要基本思路》，制定《郑州大学图书馆学系“八五”计划与十年规划纲要》，校领导来系听取此项汇报，充分肯定图书馆学系艰苦创业的成绩，并提出了建设性的意见。本计划于 1991 年 7 月修订完成。

12 月，完成图书馆学系“八五”科研规划。

是月，1989 级被评为 1989—1990 年校级先进班集体。

是月，图书情报学系论著总量全校排序第 3 名，人均成果数排序第 4 名。

1991 年

2 月，郑州大学党字〔1991〕6 号文件决定朱学任图书馆学系直属党支部书记。

3 月 21 日，经校长办公会议研究，同意“图书馆学系”改名为“图书情报学系”。

6 月，图书情报学系党支部在我校“创优争先”活动中被评为先进党支部；侯凤仁同志被评为校级优秀共产党员，朱学被评为校级优秀党务工作者。

9 月，柯平考入武汉大学图书情报学院攻读科技情报专业博士学位。

是月，崔慕岳获郑州市 1991 年“三育人先进个人”奖。

是月，图书情报学系与历史系联合举办图书馆学助教班，图书情报学系有6 位青年教师参加。

是月，图书情报学系论著绝对成果数全校排序第 9 名，人均成果数排序第 4 名。

是月，图书情报学系获 1990—1991 年度五星级文明宿舍评比活动先进系。

11 月，1990 级 1 班被评为 1990—1991 年度校级先进班集体。

12 月，崔慕岳获河南省教委 1991 年河南省普通高等学校教书育人先进个人一等奖。

1992 年

1 月，图书馆学系在开展大学生文明宿舍活动中获郑州市文明寝室。

3 月，郑州大学党字(1992)10 号文件：“中共郑州大学图书情报学系支部委员会”更名为“中共郑州大学图书情报学系党支部委员会”，“原图书情报学系直属党支部书记朱学同志改任为图书情报学系党总支书记”。

6 月，崔慕岳获校级 1990—1992 年度学校教学优秀一等奖。

9 月，侯凤仁被评为 1991—1992 年度校级“三育人先进工作者”。

是月，图书情报学系论著绝对成果数全校排序第 5 名，人均成果数排序第 3 名。

11 月，崔慕岳、柯平、张中秋等同志分别获得河南省图书馆学会优秀论文一、二等奖。

是月，图书情报学系获我校第一次 1991—1992 学年度学生工作达标先进系。

是月，图书情报学系 1992 届学生张长琳获我校首届“学生十大标兵”称号。

是年，王金玉发表《“千文架阁法”非“千丈架阁法”》一文，纠正了千文架阁法的百年讹传，该文荣获《档案工作》(《中国档案》杂志的曾用名)杂志 1992 年度优秀文章一等奖。

1993 年

1 月，郑州大学成人教育学院召开学校河南省函授站长会议，侯凤仁代表图书情报学系在大会上作了“如何加强成人教育管理”的发言。

3 月，图书情报学系派两位青年教师赴北京大学信息管理系进修。

是月，图书情报学系《图书馆学概论》《文献分类学》列入郑州大学 100 门重点课程。

是月，图书情报学系向省教委申请恢复本科招生并获批准。

4 月，图书情报学系受《科图法》编委的委托，修订《科图法》综合类，刘延章被聘请为顾问。

是月，图书情报学系工会被评为校级思想政治工作集体，代根兴被评为工会工作先进个人。

5 月，柯平、邹永利赴武汉参加国际图书情报学理论与实践发展研讨会，入选论文为《关于图书馆改革战略的思考》(柯平、崔慕岳著)。

6 月，在美国留学的刘慧萍回郑州大学参加河南省科委、省教委在学校举办的“93 河南留学青年学者学术研讨会”。

是月，崔慕岳获 1993 年度校级优秀共产党员。

8 月，图书情报学系自筹资金 4 万余元购买计算机及相关设备。

10 月，1992 级被评为 1992—1993 学年校级先进班集体。

是月，图书情报学系第二次获得学生工作达标先进系。

11 月，崔慕岳、刘延章分别参加了国家教委组织的图书馆学十三门核心课《图书馆学概论》《文献分类学》教学大纲的讨论，王国强赴武汉参加《中国图书和图书馆史》教学大纲的讨论和撰写。

是月，刘延章获 1993 年河南省社会科学优秀成果三等奖。

是月，高永健被评为校级“三育人先进个人”。

12 月 15 日，河南省教委同意学校增设图书馆学本科专业，修业年限 4 年。

12 月，柯平赴上海参加首届“海峡两岸图书资讯学学术讨论会”。

是月，图书情报学系组织师生举行毛泽东诞辰一百周年纪念文艺活动。

是年，图书情报学系制定图书馆学发展规划。

是年，图书情报学系论著绝对成果数全校排序第 3 名，人均成果数排序第 2 名。

1994 年

5 月，柯平荣获河南省委组织部、省人事厅、省科协联合颁发的“河南省青年科技奖”，郑州大学有 3 人获奖。

是月，自筹资金扩建文献保护实验室，建筑面积近 200 平方米。

6 月，在河南省高工委和省教委组织的高校“创优争先”活动中，崔慕岳被评为优秀共产党员。

7 月，柯平副教授获理学博士学位，回系工作。

8 月，图书情报学系系主任崔慕岳同志在我校领导班子换届中荣升为副校长。

9 月，图书情报学专业统招本科正式生及成人函授首届专科起点本科学员到校学习。

是月，全国哲学社会科学基金首次设立图书馆情报学大类。图书情报学系积极组织，申报3项。

是月，柯平赴太原参加全国第三届目录学学术讨论会。

10月，图书情报学系学生工作荣获1993—1994学年“学生工作达标先进系”，图书情报学系已连续3年获此殊荣。

是月，图书情报学系荣获1993—1994学年“先进部门工会”。

是月，图书情报学系自筹资金建立计算机室并联网使用，郑州大学党委书记戴羌平、校长曹策问来系参观并给予高度评价。

是月，图书情报学系申报“经济信息管理与计算机应用”自费专科1995年招生计划。

是月，图书情报学系编制《岗位职责汇编》和《各室制度汇编》，完善各项规章制度，实行制度化管理，图书情报学系信息学教研室、现代技术教研室成立，图书情报学系编印《图书馆学本科教学大纲》。

11月，为了加强学生专业思想教育，图书情报学系与校团委联合举办“金秋学术报告日”，请河南省科技情报所鄂晓芬同志来系作“信息产业现状与未来”学术报告。

11月16日，郑州大学校党委同意成立法学院，下设法律系、经济法学系；成立文博学院，下设历史学系、考古学系、档案学系、旅游管理系。

12月，为深化教育改革，经郑州大学校长办公会研究通过，“图书情报学系”改名为“信息管理系”。

是月，图书情报学系图书馆学本科专业顺利完成河南省教委对专业的评估验收，成绩突出，得到省教委及学校领导的高度评价，并获重奖。

是年，图书情报学系1993级学生在参加河南省非计算机专业计算机知识等级考试中取得显著成绩，笔试率为100%，上机过关率为32%，这远高出省16.8%的平均过关率。

是年，图书情报学系成人学员陕县图书馆馆长曲健康荣获郑州大学首届通联基金奖，是全校成人学员获此奖二人之一。

1995 年

1 月，信息管理系召开改革与发展研讨会。

是月，积极筹备十周年系庆和四十周年校庆。

是月，信息管理系荣获郑州大学校级成人教育先进单位称号；侯凤仁获成人教育先进个人奖。

3 月，柯平获河南省第二批优秀中青年骨干教师称号。

4 月，武汉大学图书情报学院刘荣老师作“图书馆自动化发展方向”报告。

是月，获郑州大学二十六届田径运动会体育道德风尚奖。

5 月，崔慕岳、柯平赴平顶山参加河南省科技情报学会会员大会，分别被推选为河南省科技情报学会副理事长和情报教育委员会副主任。

6 月，积极做好硕士点、重点学科的申报工作，图书馆学被评为校级重点学科。

是月，郑州大学第二届“通联奖”颁发，柯平获优秀青年教师奖；学生张昕宇获优秀普通本、专科学生二等奖。

是月，信息管理系获校级“三育人先进单位”奖，代根兴获郑州市“三育人先进个人”奖，王国强获校级“三育人先进个人”奖。

是月，信息管理系和学校图书馆联合举办“资料室工作人员培训班”。

7 月，曹振宇获校级优秀党员称号。

8 月，加强系资料室、微机室的装修工作。

9 月，“经济信息管理与计算机”专业招生，成人教育“计算机与信息管理”专业招收“高中起点全脱产专科”。

是月，中国科学院文献情报中心孟广均教授来信息管理系作专题报告，并被聘为信息管理系兼职教授。

是月，修订教学计划。

是月，获 1994—1995 学年加强考风建设奖杯。

10 月，柯平晋升为系主任。

是月，刘延章获校级优秀教材奖。

是月，制定信息管理系“九五”科研规划，并按河南省哲学社会科学规划办的要求推荐10项省“九五”科研课题。

是月，史灵歌参加第5届全国高校期刊工作研讨会，获优秀论文奖。

11月，隆重举行建系十周年庆祝活动，北京大学周文骏教授、武汉大学彭斐章教授、南京大学倪波教授被聘为信息管理系兼职教授。

1996年

5月，王国强担任信息管理系教研室主任。

是月，柯平获评河南省跨世纪学术和技术带头人培养对象。

9月，王金玉参加了在中国北京召开的第十三届国际档案大会。

12月，代根兴担任信息管理系副主任。

1997年

7月，王金玉的专著《宋代档案管理研究》由中国档案出版社出版，开创了我国断代档案史研究先河，获河南省社会科学优秀成果三等奖。

8月，柯平与王国强实施图书馆学知识、能力与素质综合培养的实践教学模式，获评河南省教学成果一等奖。

12月，柯平的著作《书目情报系统理论研究》获评1996年度河南省社科联社会科学优秀成果一等奖。

是年，崔慕岳教授率团赴加拿大考察图书馆工作，加强与地区同行的交流。

是年，臧国全晋升副教授。

1998年

4月，柯平担任郑州大学图书馆馆长兼信息管理系主任。

12月，柯平的著作《书目情报系统理论研究》获普通高等学校第二届人文社会科学研究成果奖。

是年，王国强担任信息管理系工会主席。

是年，获批第七批“图书馆学”二级学科硕士学位授权点，成为一级学科图书情报与档案管理硕士点(2006)的重要支撑。

是年,陈忠海被评为副教授,首次担任河南省档案系列高级专业技术职务任职资格评审委员会委员,此后曾20余次担任委员、副主任委员职务。

是年,陈忠海首次参加在西北大学召开的教育部高等学校档案学专业教学指导委员会暨全国档案系主任联席会议。

是年,李文以获得河南省档案局优秀成果二等奖。

是年,信息管理与信息系统本科专业开始招生。

1999 年

9 月,柯平的著作《文献目录学》获 1998 年度河南省社科联社会科学优秀成果一等奖。

是年,图书馆学专业硕士研究生第一届招生。

是年,李文以获河南省档案局优秀成果二等奖。

是年,陈忠海的著作《档案鉴定的理论与实践》由中国档案出版社出版,2002 年该书获得 1998—2001 年河南省社会科学优秀成果奖一等奖。

是年,柯平的"期刊文献管理信息系统 JMIS 1.0 计算机应用软件",在河南省第十届发明展览会上荣获金牌。

2000 年

8 月,柯平主持项目"河南图书情报事业跨世纪发展战略研究",获评河南省实用社会科学优秀成果。

是年,李文以获得省社科联青年奖。

2001 年

9 月,柯平获 1997—2000 年度中国图书馆学会先进工作者称号。

12 月,付立宏晋升副教授。

是年,李文以获得中国档案学会优秀论文二等奖。

是年,学校专业调整,档案学专业由原文博学院整体划转信息管理系。

是年,陈忠海首次被聘为教育部高等学校档案学专业教学指导委员会委员，聘期为2001—2005年。

是年，由王星光教授主持，陈忠海、李文以、所桂萍、阴春枝等参加的河南省普通高等学校教学改革成果《面向21世纪的档案学专业培养模式的探索与实践》获河南省高等教育教学成果奖一等奖。

2002年

5月30日，柯平被聘请为郑州大学兼职教授。

是年，付立宏获得2002年河南省优秀中青年骨干教师。

2003年

9月，情报学专业硕士学位点获得批准。

是年，尚新丽被评为副教授。

是年，臧国全晋升教授。

是年，郭少友晋升副教授。

2004年

7月，纪真担任“网页设计网站建设”“信息管理信息系统概论”，以及“专业英语”等课程的主讲教师。

9月，情报学硕士学位点开始招生。

是年，陈忠海被评为教授。

是年，李文以获得河南省教育厅人文社会科学研究成果二等奖、河南省档案局优秀科技成果二等奖。

是年，付立宏获2004年度河南省教育厅学术技术带头人称号。

是年，文献信息资源研究中心成立。

2005年

10月28日，学校中心图书馆举行开馆典礼。北京邮电大学图书馆馆长代根兴，中国图书馆学会副秘书长、中国图书馆学图工委主任崔慕岳，河南省图书馆学会副秘书长、河南省图书馆馆长王爱功，河南省教育厅高校图书馆分会常务副秘书长顾文佳，全国高校图工委副主任、河南省高校高教处副处长唐多毅，郑州大学党委书记郑永扣，校长申长雨，副校长徐振鲁、郑玉玲出席开馆典礼，并为中心图书馆开馆剪彩。

是年，崔慕岳教授、白华副教授、徐丽娜副教授、李维老师4人，帮助河南省图书馆进行聘前全员业务知识培训。

2006 年

2006 年 12 月至 2008 年 12 月，王国强于武汉大学图书馆、情报与档案管理博士后流动站从事博士后研究。

2006 年 12 月，付立宏晋升教授。

是年，郑州大学申请获批档案学专业硕士研究生建设点。陈忠海第二次被聘为教育部高等学校档案学专业教学指导委员会委员，聘期为 2006—2010 年。

是年，李文以获得郑州大学校级学术技术带头人称号。

是年，王国强获 2006 年度河南省教育厅学术技术带头人称号。

是年，郑州大学 26 名教师获聘教育部学科教学指导委员会委员，其中陈忠海教授获聘档案学学科教学指导委员会委员。

2007 年

8 月 14 日，2005 级本科生郭喻楠参加“河南寒门骄子港澳行”活动，在香港同代表团洪战辉等其他成员一起受到全国政协副主席董建华接见。

是年，郑州大学开始招收第一届档案学专业硕士研究生。

是年，陈忠海获批国家社科基金一般项目“档案法立法研究”，并被评为河南省教育厅学术技术带头人。

是年，王国强的独著《汉代文献学研究》获评 2007 年度河南省社会科学优秀成果二等奖。

2007—2008 年，臧国全以高级研究学者的身份到美国威斯康星大学访学。

2008 年

8 月 12 日，郑州大学图书馆学获批为第七批河南省重点学科。

10 月，李敏的论文《〈中图法〉组织民族古籍的可行性、局限与改造》获评中国图书馆学会与中国民族图书馆举办的第十次全国民族地区图书馆学术研讨会二等奖。

11 月，郑州大学信息管理系承办了 2008 年教育部高等学校档案学专业教学指导委员会年会暨第十七届全国档案系主任联席会议。

是年，李文以获得河南省教育厅人文社会科学研究成果二等奖。

是年，尚新丽获得第十届中国科协年会“文化强国战略与科技支撑”专题论坛优秀论文二等奖。

是年，臧国全获得 2008 年河南省高校科技创新人才支持计划资助者（人文社科类）。

是年，郭少友获 2008 年度河南省教育厅学术技术带头人称号。

是年，郭强获 2008 年河南省优秀中青年骨干教师称号。

2009 年

1 月，教育部学位与研究生教育发展中心公布了 2007—2009 学科评估结果，郑州大学图书馆、情报与档案管理等 4 个一级学科进入全国前 10 名（其他 3 个一级学科分别为水利工程、轻工技术与工程、口腔医学）。

8 月，尚新丽获得河南省图书情报学术成果一等奖。

是年，李文以获全省教育系统教学技能竞赛管理科学类一等奖，被授予“河南省教学标兵”称号。

是年，王平获教育部人文社科研究成果二等奖。

是年，郭少友晋升教授。

2010 年

9 月，图书情报专业硕士学位点获得批准，2012 年 9 月招收第一届全日制图书情报硕士，2022 年 9 月招收第一届非全日制图书情报硕士。

是年，金燕获 2010 年度河南省优秀中青年骨干教师称号。

是年，鲁晓明在河南省教育系统教学技能竞赛（高校计算机）荣获二等奖。

2011 年

5 月，由中国高等教育文献保障系统（简称 CALIS）管理中心主办、校图书馆承办的“2011 数字资源建设与服务的统计分析研讨会暨 CALIS 第九届国外引进数据库培训周”在学校召开。国家科技图书文献中心主任袁海波研究员，中国科学院国家科学图书馆馆长张晓林教授，CALIS 管理中心副主任、北京大学图书馆馆长朱强教授，郑州大学常务副校长徐振鲁、副校长高丹盈，河南省高校图工委主任崔慕岳等领导出席了开幕式，来自全国各地 200 多所高校图书馆的代表，高校图书馆数字资源采购联盟（DRAA）理事会成员等共计 500 多人参加了会议。

12 月 8 日，由郑州大学研究生院、党委研究生工作部主办，郑州大学信息管理系承办的 2011 年郑州大学第六届研究生学术论坛信息管理系分论坛在历史学院学术报告厅举行。

是年，尚新丽晋升教授。

是年，“微光志愿者”向玉树拉布乡中心学校的孩子们捐赠学习用品，挂靠郑州大学信息管理系的微光志愿服务队由此成立。

2012 年

10 月 12 日，图书情报与档案管理一级学科获批为第八批河南省重点学科。

12 月，金凡主持的《河南省档案网站资源整合研究》获郑州市社会科学优秀成果一等奖。

12 月，王娜晋升副教授。

12 月 27 日，信息管理系女子团体在“郑州大学 2013 迎元旦环校长跑比赛”中，取得校第三名的好成绩。

12 月 30 日，信息管理系团委召开迎新年茶话会，总结一年来的工作，深入学习郑州大学第二次学生代表大会精神。团委王元锋老师出席并主持会议，学生会、各团总支、各年级主要学生干部及 19 名学生代表参加会议。

2013 年

1 月 18 日，学校“国家二级档案管理单位”揭牌仪式暨档案业务工作会议在南校区举行。

8 月，王娜在河南省教育厅与河南省教育工会举办的全省教育系统教学技能竞赛（高校经济与管理科学）中获一等奖，并被授予教学标兵称号。

11 月 29 日，由郑州大学研究生院、党委研究生工作部主办，信息管理学院承办的“2013 年郑州大学第八届研究生学术论坛信息管理学院研究生专题创新分论坛”在图书馆第二报告厅举行。

12 月 6 日，信息管理学院 2013 级团总支组织开展“青春点亮人生”十八岁成人仪式主题教育活动。郑州电视台《文化新视界》栏目以“郑大学子成人礼 我的十八岁宣言”为题报道了本次活动。

12 月，袁静晋升副教授。

是月，王国强教授获聘教育部图书馆类专业教学指导委员会委员。

是年，信息管理系改名为信息管理学院。

是年，陈忠海主持的国家社科基金一般项目的结项成果《档案法立法研究》由世界图书出版公司出版，该项目结项鉴定为优秀，该专著获得 2013 年度河南省社会科学优秀成果奖三等奖。陈忠海第三次被聘为教育部高等学校档案学专业教学指导委员会委员，聘期为 2013—2017 年。

2014 年

11 月 28 日，由郑州大学研究生院、党委研究生工作部主办，信息管理学院承办的“2014 年郑州大学第九届研究生学术论坛信息管理学院研究生专题创新分论坛”在郑州大学图书馆第二报告厅顺利举行。

12 月，周春雷老师晋升副教授。

是年，王平老师主持项目“国内公共图书馆弱势群体服务现状调查与思考”，获教育厅人文社会科学研究成果奖一等奖。

是年，我院档案学专业陈忠海教授荣获河南省社会科学优秀成果省级三等奖。是年，王娜被评为河南省高等学校青年骨干教师。

是年，陈忠海的博士论文《中国图书档案损毁史实的调查与书厄观研究》由武汉大学出版社出版，该书获得2014年度河南省社会科学优秀成果奖三等奖。同年，陈忠海被河南省档案局评为首批河南省档案专业“十百千”档案领军人才。

是年，王平《国内公共图书馆弱势群体服务现状调查与思考》获评教育厅人文社会科学研究成果奖一等奖。

2015年

4月，中国高等教育学会档案工作分会五届二次常务理事会议在郑州召开。学校作为河南省档案学会高等学校档案分会会长单位和秘书长单位，承办本次会议。

5月，学院参加2014年全国图书情报硕士专业学位授权点专项评估工作，并获通过。

6月24日，由郑州大学研究生院、党委研究生工作部主办，信息管理学院承办的研究生“名师名家讲坛”，特邀请武汉大学中国教育质量评价中心主任、信息管理学院和教育科学研究院博士生导师邱均平教授为广大师生作专题学术报告。

7月1日，信息管理学院召开“三严三实”专题教育党课暨动员部署会，学院党政班子成员、全体教工党员代表参加了会议。会议由学院党总支书记孙新成主持。

8月，由共青团中央、中国科协、教育部、全国学联、广东省政府主办的第十四届“挑战杯”全国大学生课外学术科技作品竞赛“智慧城市”专项赛决赛在香港科技大学举行。信息管理学院陈雨、葛毓彬在杨瑞仙副教授指导下，参赛作品《电子病历：医疗信息化发展的必由之路——河南省电子病历建设现状调研与发展对策研究》斩获全国银奖。

是月，河南省档案学会高等学校档案分会成立大会在郑州大学召开。河南省档案学会理事长韩洪德、秘书长吴天顺，学校副校长张倩红等领导出席开幕式，省直档案协作组负责人代表、省辖市档案学会会长代表以及全省40余所高校档案工作负责人和档案工作者共80余人参加。

是月，信息管理学院档案学专业教师尚新丽荣获“河南省创新驱动发展”优秀论文奖省级一等奖、河南省第六届图书情报学术成果奖地市级一等奖。

12 月，杨瑞仙晋升副教授。

是年，臧国全获得河南省社会科学优秀成果奖二等奖。

是年，台湾朝阳科技大学副校长郑道明、国际长林树全、校长助理宋宏薰一行来郑州大学交流访问。副校长张倩红会见来访客人，国际交流与合作处与信息管理学院负责同志参加了会见。

是年，信息管理与信息系统专业系主任金燕于 2015 年 12 月至 2016 年 12 月在美国威斯康星大学密尔沃基分校信息研究学院访学。

是年，王国强担任学院教授委员会主席。

是年，学院 5 人获得国家级全国大学生创业创新训练计划项目。

是年，学院荣获河南省大中专学生“三下乡”暑期社会实践活动一等奖和三等奖、“成龙杯”全国高校中国功夫模仿大赛优秀支教奖。

是年，全国大学生数学建模竞赛，郑巧伟获河南省一等奖，4 人获得河南省二等奖、1 人获得河南省三等奖；张磊获得 iCAN 国际大学生创新创业大赛中国总决赛二等奖；第二届中国志愿项目交流会，毕胜男、朱俊宇获得国家金奖团体项目奖。河南省暑期“三下乡”社会实践，田宇、崔浩男、李焕焕、魏子瑶、权明喆获得一等奖；田宇、黄华、孙梦丹、刘晓楠、刘芮、潘梦雅、李乐乐获三等奖；朱俊宇获河南省优秀志愿者称号。

是年，信息管理学院加入 SAP 大学联盟（SAP University Alliances）。

2016 年

10 月，信息管理学院档案学专业教师陈忠海、孙大东均荣获河南省社会科学优秀成果省级三等奖。

10 月 10 日，我院邀请比利时鲁汶大学（Catholic University of Louvain）全职教授（Full Professor）、Scientometrics（SCI/SSCI 双检索期刊）主编沃尔夫冈・格兰泽（Wolfgang Glänzel）教授来郑州大学作“计量评价与网络媒体双重压力下的科学家失范行为研究”学术报告。华北水利水电大学管理与经济学院副教授、比利时鲁汶大学客座教授张琳现场翻译。

11 月 16 日，由郑州大学研究生院、党委研究生工作部主办，信息管理学院承办的“第十一届研究生学术论坛信息管理学院专题创新分论坛”顺利举行。

12 月 28 日，胡鸿杰教授为我校师生作了以“中国档案职业状况分析”为主题的讲座，对中国档案职业现状进行了详细的介绍与分析。

袁静于 2016 年 12 月至 2017 年 12 月在美国伊利诺伊大学香槟分校信息科学学院访学。

是年，王平获评河南省优秀中青年骨干教师。

是年，档案学徐欣欣在第18届国际档案大会（韩国，首尔）宣讲论文 *Personal digital records archiving: the theoretical and practical explorations from China*。

是年，微光志愿服务队荣获华硕新青年E创志愿者行动全国三等奖、河南青年志愿服务项目大赛银奖、第一届河南省高校公益社团评比“优秀志愿团体奖”、河南省大学生志愿者之星（团队奖）。

是年，学院学生在全国大学生英语竞赛上获国家特等奖1人、国家二等奖2人、国家三等奖5人、河南省优秀奖7人；张慧获得创行华南赛区一等奖；孟文华获得蓝桥杯软件大赛省级三等奖；毛春蕾被评选为省级三好学生；吴书琼获全国大学生数学建模竞赛河南省三等奖；刘慧婷、余慧获全国大学生预防艾滋病知识竞赛国家优秀奖。

是年，信息管理学院与SAP共建中国大陆地区第二家SAP NEXTGEN LAB创新实验室。

2017年

4月，学院硕士研究生王涵墨被评为河南省优秀应届大中专毕业生。

6月3日，由荣获2016教育部“最佳合作伙伴”的SAP国际大学联盟主办、北京交通大学SAP大学能力中心（SAP University Competence Center）承办、加拿大蒙特利尔商业学院（HEC Montreal）协办的“第一届SAP全国大学生角色挑战模拟经营大赛”全国决赛顺利举行。由信息管理学院2014级学生组成的队伍“Zero to Hero”作为郑州大学唯一进入决赛的代表队参加了比赛并以全国第五名的成绩顺利晋级，最终在ERPsim全球联盟院校对抗赛中取得了第六名的好成绩。

7月，王国强、臧国全获聘郑州大学特聘教授。

9月，杨瑞仙在河南省教育系统教学技能竞赛（高校文科）荣获二等奖。

9月2日，由国家图书馆（国家古籍保护中心）、河南省文化厅主办的“册府千华——河南省藏国家珍贵古籍特展”在省图书馆举行。郑州大学图书馆收藏的《唐陆宣公集》《汉隽》《苏长公表启》《苏长公合作》《金石韵府》

5种古籍珍品在本次展览中亮相,包括稀见本、递修本、朱印本、套印本等,其中4种国家一级珍贵名录,1种二级珍贵名录,其中《唐陆宣公集》为元刻本,《汉隽》曾参加过第二批国家图书馆举办的“国家珍贵古籍特展”。

10月,信息管理学院李宗富老师参加第四届中国档案学博士论坛,其撰写的论文荣获论坛征文三等奖。

10月12日至14日,由教育部图书馆学专业教学指导委员会主办、郑州大学信息管理学院承办的教育部高等学校图书馆学专业教学指导委员会2017年工作会议暨系主任联席会议隆重召开。教育部图书馆学专业教指委主任委员、北京大学王余光教授,教指委副主任委员、武汉大学陈传夫教授,教指委副主任委员、中山大学程焕文教授,教指委副主任委员、南京大学郑建明教授,教指委秘书长、北京大学张久珍教授,教指委委员、郑州大学信息管理学院图书馆学系主任王国强教授以及全国30多所大学的教指委委员、院长和系主任共计45人参加了本次会议。河南省图书馆学会、河南省高校图工委、河南省高校图书馆的部分领导和嘉宾出席了本次会议。

10月29日,图书馆学专业承办国家社会科学基金重大项目“促进我国基本公共文化服务标准化与均等化研究”研讨会。

是月,由国家公共文化重大项目课题组主办、郑州大学信息管理学院承办的“促进我国基本公共文化服务标准化与均等化研究”国家社科重大项目研讨会在郑州大学成功举办。

是月,图书馆学专业承办教育部高等学校图书馆学专业教学指导委员会2017年工作会议暨系主任联席会议。

11月1日,由《档案学通讯》杂志社、郑州大学信息管理学院主办的“第二届全国高校档案学教材教法研讨会”顺利召开。会议开幕式由郑州大学郭少友教授主持,《档案学通讯》胡鸿杰总编辑、辽宁大学丁海斌教授分别致辞。本次会议主要分为开幕式、会议主题报告、教学观摩课、学术研讨、宣读倡议、会议总结六大部分。

11月23日,信息管理学院在院办五楼会议室举办党员管理能力提升培训班典礼。党总支书记孙新成、学生工作办公室主任成举华、研究生办公室主任阴春枝、团委副书记郭喻楠等领导和学院全体党员出席了此次典礼。

是月，信息管理学院李宗富老师指导的学生参赛队荣获全国大学生创业决策仿真大赛三等奖。

11 月，学院硕士研究生蔡程瑞获得国家奖学金。

12 月，金凡参与编写《电力建设项目档案管理实务》一书，担任副主编，由河南人民出版社出版。

是年，金燕获得 2017 年度河南省教育厅学术技术带头人。

是年，周春雷的专著《学术授信评价及其应用》获河南省教育厅特等奖。

是年，周春雷被评为河南省高等学校青年骨干教师。

是年，周春雷撰写的教学案例《图情领域研究热点可视化分析教学案例》获全国图书情报专业学位教学案例大赛优秀奖，该赛事由全国图书情报专业学位研究生教育指导委员会主办。

是年，图书馆学王平老师赴美国伊利诺伊大学香槟分校信息学院访学。

是年，陈忠海被河南省人力资源和社会保障厅评为“河南省事业单位 2017 年度专业技术二级岗位人选”。

是年，尚新丽荣获全国大学生创业决策仿真大赛优秀指导教师奖，指导的学生参赛队获得三等奖。

是年，邢变变荣获 2016 年度人文社会科学研究优秀成果省级二等奖。

是年，学院学生在全国大学生英语竞赛中获国家二等奖 4 人、国家三等奖 7 人；李昊翰获“百度无限”全国高校信息搜索大赛国家优胜奖；在全国大学生挑战杯中，裴芝延获国家特等奖，李志、张晗、张茉、李曙琦、袁丽娜、孔祥奕、凌博威、徐博珏获河南省一等奖；于梦文荣获 2017 年河南省优秀学生干部；李志、魏子瑶荣获河南省三好学生；在全国大学生预防艾滋病知识竞赛中，李延东荣获国家优秀奖；在 SAP 全国大学生角色挑战模拟经营大赛中，共有 32 人荣获 SAP 模拟企业精英挑战赛优胜奖；在全国大学生数学建模竞赛中，吕玉爽获河南省一等奖，曹怡静获河南省三等奖。

是年，学院 SAP NEXTGEN LAB（创新实验室）获得 SAP 大学联盟中国区 2017 最佳人才创新中心。

2018 年

2 月，陈忠海获聘郑州大学特聘教授。

3 月，陈忠海被郑州大学聘为二级教授。

3 月 2 日，图书情报与档案管理一级学科获批为第九批河南省重点学科。

4 月，陈忠海被国家档案局聘为首批全国档案专家(政策法规标准领域)，聘期为 2018 年 4 月—2020 年 3 月。

4 月 17 日，毓秀讲坛第一讲在信息管理学院院办五楼报告厅开讲。档案学界优秀学者——覃兆刿老师为全院师生作题为“档案 · 管理 · 文化——‘档案双元价值观’的视角”的学术讲座。

5 月 16 日，胡鸿杰教授在信息管理学院五楼报告厅为学院档案学专业师生作题为“档案学术评论——以档案学经典著作评价研究为例”的学术讲座。

5 月 25 日，张斌教授在信息管理学院五楼报告厅，为学院档案学专业师生作题为“知识管理领域与档案信息领域的结合”的学术讲座。

是月，孙大东老师获得“河南省高等学校优秀共产党员”称号。

7 月，李宗富老师带领 2016 级档案学专业 10 名研究生赴南京市档案馆、中国第二历史档案馆、南京博物院、苏州市档案馆、中国丝绸档案馆、上海浦东新区档案馆等地学习调研。

7 月 10 日，学院在北核心教学楼 1104 召开 SAP 专项表彰大会，热烈祝贺信息管理学院多名学子在第二届 SAP 国际大学生模拟企业精英挑战赛再获佳绩。各年级学生代表近 300 人参加会议，副院长郭少友为获奖代表和团队颁发了荣誉证书。在此次比赛中，由郎春林老师指导的姜权栗战队、张启源战队在本届大赛全国总决赛中获得全国三等奖的好成绩，另有 5 个队伍获得优胜奖。

7 月 16 日，李敏的论文《高校图书馆学科服务平台学科资源构建探讨》获河南省教育厅 2017 年度人文社会科学研究优秀成果。

杨瑞仙于 2018 年 7 月至 2019 年 7 月在美国伊利诺伊大学香槟分校

访学。

9月13日，刘东斌教授围绕“谈档案学研究的理论联系实际——以档案形成在前论为例”这一主题，为信息管理学院档案学专业师生开展学术讲座。

9月14日至16日，信息管理学院主办的“档案职业与学术评价中心成立暨《档案学经典著作丛书》研讨会”在郑州举办，会议主题为“档案学术评价、档案职业评估”。

是月，在全国性学术会议“2018科学计量与科技评价天府论坛”上，周春雷、师文欣、王小凯提交的论文《学术授信视角下的“昙花一现”型研究主题识别》获得二等奖；周春雷、陈艳云、袁扬、王小凯提交的论文《学术图书质量评价研究》获得三等奖；周春雷、张猛、王小凯提交的论文《知识图谱软件学术影响力研究》获得三等奖。

11月，陈忠海第四次被聘为教育部高等学校档案学专业教学指导委员会委员，聘期为2018—2022年。

是月，学院硕士研究生陈艳云获得国家奖学金。

是月，在孙大东老师的指导，以及冯妍、杨慧文、白路浩、于子闪、陈建坤等几位优秀学子共同努力下，团队作品《我为档案库房代言》荣获第二届全国高校档案专业大学生课外科技作品竞赛一等奖，斩获由国际档案理事会下属专业协会部门举办的2019年第二届档案（文件）主题电影节“最佳新人奖”。

12月9日，李文以主持的档案学教研室被评为2018年度河南省高等学校优秀基层教学组织。

是年，付立宏获聘郑州大学特聘教授。

是年，档案学专业获批河南省高等学校优秀基层教学组织。

是年，王国强担任学院教授委员会主席。

是年，王平获评国家留学基金委公派访问学者。

是年，图书馆学专业获批第九批河南省重点学科。

是年，微光志愿者创新支教形式，“暑期支教+云端课堂”，取名“e教中原”。

是年，学院学生在全国大学生预防艾滋病知识竞赛中获国家级优秀奖4

人；全国高校档案学专业大学生课外科技作品比赛获国家级一等奖5人；全国大学生英语竞赛获国家二等奖3人、国家三等奖3人，国家优秀奖11人；全国大学生创业决策仿真大赛获国家二等奖6人、国家三等奖9人；全国大学生环保知识竞赛获得国家优秀奖3人。

是年，科学计量与科学评价天府论坛中师文欣、王小凯获二等奖；王曼琦在“创青春”河南省大学生创业大赛创业计划竞赛中获河南省二等奖；河南省“知网杯”竞赛，周华荣获河南省三等奖；董嘉慧、任娇菡荣获河南省三好学生；翟瑞林荣获河南三地三校大学生联合演讲大赛结项证书。

2019年

1月，孙新成主持的“中原文化（武术篇）”课程被评为国家精品在线课程，并被收入学习强国平台（本平台内课程名称为中原武术文化）、中国大学慕课、智慧树在线教育等平台。

3月，陈忠海被河南省委宣传部、河南省社会科学界联合会评为首批“河南社科名家”。

4月6日至9日，2018级图书馆学专业研究生孙明伟、安琪参加未成年人阅读、学习与赋能国际研讨会暨未成年人图书馆与信息服务专业教育研讨会，提交学术海报获得二等奖。

4月，研究生王晓丹、袁扬在第十一届全国科学计量学与科教评价研讨会上获得优秀论文三等奖。

是月，未成年人阅读、学习与赋能国际研讨会暨未成年人图书馆与信息服务专业教育研讨会、未成年人阅读与研究青年学者专题研讨会在中山大学举行。赴会人员包括来自加拿大、美国、新西兰、英国和中国等的专家、学者、从业人员等200余人。信息管理学院2018级研究生孙明伟、安琪由研究生导师王平推荐参加了此次学术研讨会议。

5月23日，第十一届国际ERPsim竞赛圆满落幕。来自澳大利亚、中国、美国等十余个国家和地区的13支高校团队通过远程在线进行了激烈的角逐。郑州大学信息管理学院的两支参赛队伍在郎春林老师的指导下经过激烈的角逐，击败全国其他高校的近百支队伍，获得了全国冠军、亚军和国际赛前6强的优异成绩。

5月8日至12日，第八届中国档案职业发展论坛在甘肃敦煌召开。信息管理学院档案职业与学术评价中心是本次论坛的主办方之一，院长陈忠海教授与档案学专业教师孙大东副教授参加了此次论坛。

5月25日至26日，信息管理学院“甲骨档案动漫作品”竞赛团队赴安阳进行了考察学习。该竞赛团队由我院档案学专业教师邢变变、孙大东担任指导老师，5名团队成员均是在自愿报名的基础上，由指导老师根据作品制作的需要严格选拔出来的。本次考察学习旨在使团队成员全面了解甲骨档案的制作、形成、保管等过程，为作品的制作准备素材、储备知识。

是月，李宗富老师指导的大学生创新训练项目《河南省新乡市各级综合档案馆公共服务能力评估与发展研究》获得国家级支持。

6月5日，图书馆学i学工作坊成立，致力于开展图书馆学专业学术活动，为学科发展和提升学生学习能力服务学生学术组织。并开设i学公众号平台。

6月20日，北京联合大学档案学专业系主任谢永宪、副主任王巧玲、实验室主任吴晓红来我院调研座谈，我院副院长郭少友，档案学系主任李文以，档案学专业尚新丽、阴春枝、魏斌老师共同迎接北京联合大学谢主任一行。

7月11日，南开大学暑期调研团来到我院进行学术交流，参加交流会的嘉宾有南开大学樊振佳老师、郑州大学信息管理学院团委书记郭喻楠老师、李文以老师、王平老师和孙大东老师。参与人员有南开大学本科生和郑州大学本科生、研究生。

7月15—24日，由郭少友老师带队，11名研究生参加（档案学4名、情报学1名、图书情报专硕6名）信息管理学院2019年韩国庆熙大学研究生学术交流项目。

9月，信息管理学院数据科学研究中心成立。

是月，信息管理与信息系统教研室被评为年度河南省高等学校基层教学组织达标创优立项建设。

是月，由教育部图书馆学专业教学指导委员会主办、郑州大学信息管理学院承办的教育部高等学校图书馆学专业教学指导委员会2017年工作会议暨系主任联席会议召开。

11月3—4日，信息管理学院与河南科技大学图书馆成功在洛阳联办2019中南六省(区)高校图书馆学术年会。大会开幕式上，河南科技大学副校长李全安、河南省教育厅高教处副调研员张小茜、河南高校图工委主任崔慕岳分别发表讲话和致辞。信息管理学院院长臧国全教授在大会上致辞，对中南六省高校图书馆的同仁到洛阳开会表示热烈欢迎，并介绍了学院的学科建设、人才队伍、学生培养等方面的情况，希望加强与兄弟单位的交流和协作。来自六省(区)高校图书馆及相关文化机构的270余名代表参加会议。大会开幕式由河南省高校图工委副主任兼秘书长、信息管理学院硕士生导师崔波教授主持。

11月1、3、4日，信息管理学院邀请北京邮电大学代根兴教授、北京大学朱强教授、南京大学苏新宁教授莅临郑州大学作题为"'立体三角'：大学图书馆管理的理论探索与实践"的系列专题学术报告。

11月16—17日，信息管理学院组织师生党员赴新乡先进群体教育基地进行培训学习，郑州大学"不忘初心、牢记使命"主题教育第四巡回指导组组长刘敏应邀参加了学习。

11月23日，第六届中原地区模拟联合国大会在郑州大学举办。联合国前开发计划署驻阿富汗、印度尼西亚国家局局长薛玉雪先生、郑州大学党委常委、纪委书记许东升出席，校团委、信息管理学院负责同志以及来自中国政法大学、香港大学、北京交通大学等30余所高校的200多名代表参加开幕式。

2019年11月—2020年1月，马德里康普顿斯大学博士生 Ledy Paola Armirola Garcés 作为访问学者来信息管理学院进行交流访问。

是月，美国伊利诺伊大学厄巴那-香槟分校(简称伊大或UIUC)培训学院图书馆馆长、国际合作项目负责人，伊大信息学院兼职教授阮炼受邀到访信息管理学院。

12月5日，郑州大学信息管理学院、《图书馆报》和河南省图书馆文创中心联合发起、策划的"图书馆长进校园"系列活动于郑州大学图书馆第二报告厅隆重举行。河南大学图书馆副馆长吉宇宽、河南省图书馆文创中心主任田利、郑州大学图书馆及信息管理学院领导和师生参与本次活动。

12月9日，信息管理学院召开“公共文化背景下的图书馆学发展研讨会”。活动分为李国新教授作“公共文化服务体系视野下的图书馆学变革发展”讲座和相关领导与专家参加“河南省公共文化发展与人才培养研讨会”两个环节。

12月13日，郑州市图书馆与信息管理学院图书馆学专业召开教学实践基地推进座谈会。

12月28日，由郑州大学研究生院、党委研究生工作部主办，信息管理学院承办的“第十四届研究生学术论坛信息管理学院专题创新分论坛”在郑州大学图书馆举办。

是年，学院教师周春雷与本科生孔祥奕、林志鹏合作在专业期刊Scientometrics（SCI/SSCI）上发表学术论文*Research on Derek John de Solla Price Medal Prediction Based on Academic Credit Analysis*，该文为院学生首次在国际期刊上发文。

是年，臧国全获得河南省社会科学优秀成果奖一等奖；袁静获得河南省社会科学优秀成果奖二等奖；王娜、耿瑞利获得河南省社会科学优秀成果奖三等奖。

是年，袁静被评为河南省高等学校青年骨干教师。

是年，李文以获得河南省优秀硕士学位论文指导教师称号。

是年，尚新丽被聘为河南省图书系列高级专业技术职称任职资格评审委员会委员。

是年，王国强参与的目录学课程被选入中国大学慕课。

是年，档案学徐欣欣老师AERI 2019（英国，利物浦），宣讲论文*Research on Chinese rural archives construction mode and route under the national Rural Revitalization Strategy*。

是年，2019届档案学专业本科生唐子闻被德累斯顿工业大学录取；信息管理与信息系统专业本科毕业生王彦霏被法国国立工艺学院国际贸易专业录取。

是年，学院学生在SAP全国大学生角色挑战模拟经营大赛中获国家二等奖5人，优胜奖5人；全国大学生英语竞赛获国家级二等奖4人，国家级三等奖 3 人，省级优秀奖 13 人；第八届数学中国数学建模国际赛（小美赛）胡秀菁获国家级一等奖；第二届华教杯全国大学生数学竞赛初赛徐亚娟获国家级二等奖；全国大学生预防艾滋病知识竞赛郭颖琪获国家级优秀奖；“批改网杯”全国大学生英语写作竞赛国家级优秀奖 5 人；全国大学生环保知识竞赛获国家级优秀奖 6 人；刘文晴、黄群荣获河南省三好学生；都哲如荣获河南省优秀学生干部；陈红荣获河南省文明学生；单秋贺荣获全国大型环保公益项目优秀志愿者；郭宇森获中国宋庆龄基金会一等奖学金。

是年，微光志愿服务队“e 教中原”项目获河南省青年志愿服务项目大赛金奖、全国志愿服务项目大赛银奖。

2020 年

1 月，受河南省文化和旅游厅委托，图书馆学专业与河南省公共文化专家委员会联合成立专项课题组，对抗疫期间河南省公共文化服务情况展开全面调查，了解河南省各级各类公共文化服务机构在此次疫情防控期间的服务情况，总结公共文化服务部门在突发公共事件中发挥的功能和优势，积累公共文化应急服务和管理经验，树立河南省公共文化应急服务与管理的形象。最终成果被新华网报道。

3 月 23 日，中欧国际商学院图书馆的黄尚馆员与 2018 级图书馆专业的同学进行线上交流。（图书馆员进课堂第二期）

3 月，信息管理学院团委聚焦于建党 100 周年这一重大节点，积极号召信息管理学院团员参与校团委举办的一系列专题活动，其中院团委学生会组织、文艺部联合基层团支部编排的《不负韶华，薪火相传》舞台剧上报参加“百年党史青年说”大学生讲党史大赛，获得河南省三等奖。

是月，图书馆学专业与郑州市图书馆联合启动 2020 年抗疫文献资料征集工作被《郑州日报》转载报道，并被报送中共郑州市委内参。

4 月 15 日，为减轻疫情对学术交流的影响，拓宽师生知识面，提升其专业素养，经胡鸿杰教授同意，信息管理学院档案学专业组织观摩了一场以播放其本人制作的视频为形式的线上讲座，讲座主题为“新中国档案学研究回顾与展望”。

4 月,制订本科新培养方案,图书馆学专业名称变更为图书馆学专业(含公共文化方向)。

是月,来自同济大学图书馆的刘玉红馆员,为图书馆学专业同学讲解关于高校图书馆的发展现状以及组织结构变革的内容。(图书馆员进课堂第三期)

是月,图书馆学专业 2014 级毕业生、现重庆维普资讯中文科技期刊数据库产品经理黄远波为 2018 级图书馆学专业学生云授课。(图书馆员进课堂第四期)

5 月 20 日上午,郑州大学校长刘炯天院士到信息管理学院调研并指导学科建设等工作,学校相关部门负责同志、学院班子成员以及相关课题组成员参加座谈会。

是月,为配合好决胜全面建成小康社会重大主题宣传,根据国家档案局关于印发《2020 年全国档案宣传工作要点》的通知,信息管理学院积极开展“决胜年! 我为祖国全面建成小康社会宣传助力”留言征集活动,鼓励全院师生参与到为祖国全面建成小康社会宣传活动中去。

是月,孙大东晋升副教授。

6 月 24 日,社科处副处长和俊民莅临信息管理学院指导横向课题研究工作,学院班子成员和全体教师参加会议,分管科研工作的副院长杨瑞仙主持会议。

6 月 20—27 日,孙大东、邢变变参加“档案学术论文写作投稿培训班暨理论前沿研讨会”。

6 月,图书馆学专业王平教授参加 2019 年河南省现代公共文化服务体系建设绩效考核。

6 月,硕士研究生王艺博获得河南省普通高等学校“三好学生”称号。

7 月,信息管理学院举办系列活动热烈庆祝中国共产党成立 100 周年。活动包括:走访慰问老党员,新党员入党宣誓、老党员重温入党誓词,共同观看“七一勋章颁授仪式”,观看“庆祝中国共产党成立 100 周年大会”等。

8 月 17 日,信息管理与信息系统专业获批省级一流专业。

8 月 19 日,国家社科基金会议评审专家、中国图书馆学会学术委员会副主任、图书馆学基础理论专业委员会主任、北京大学信息管理系王子舟教授做客“求是讲堂”，为信息管理学院师生作题为“田野调查：人类学方法在图书馆学中的应用”的学术报告。

8 月 31 日，教育部长江学者特聘教授、教育部“新世纪优秀人才”、国务院学位委员会“图书情报与档案管理”学科评议组成员、南京大学信息管理学院副院长、博士生导师朱庆华教授做客“求是讲堂”，为信息管理学院师生作题为“养老服务数据融合需求分析和框架设计”的学术报告。

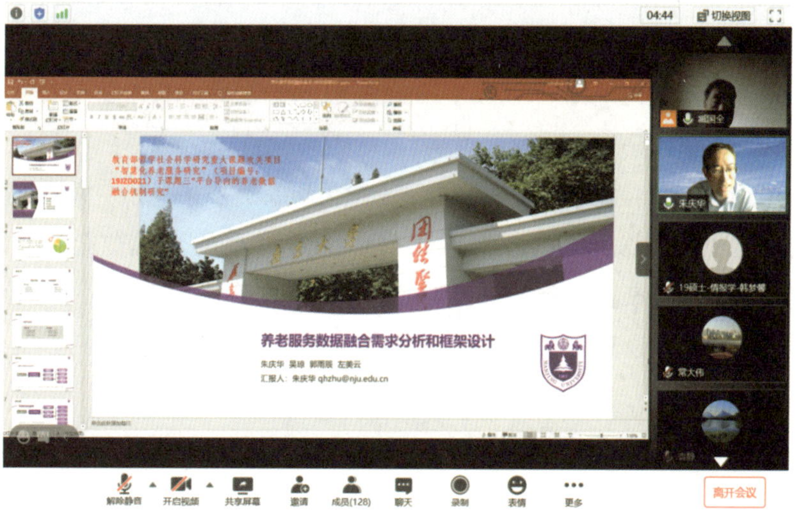

8 月 31 日，信息管理学院学生于涛等发明的“儿童智能收纳柜”获得国家实用新型专利。

8 月，图书馆学专业部分教师前往嵩山少林寺参加“传习经典　融古慧今——中华传统晒书活动（河南 2020）”。

9 月 16 日，信息管理学院档案学专业教学实习基地挂牌成立仪式在郑州市房产档案馆举行。学院党委书记孙新成、副院长郭少友、副院长杨瑞仙、档案学教研室主任孙大东、青年教师马双双，郑州市房产档案馆馆长肖广峰、副馆长田蕾、工会主席王率民等参加了挂牌仪式。

9 月 17 日，郑州大学信息管理学院与河南中医药大学图书馆共建实践教育基地启动仪式在河南中医药大学举行。河南中医药大学党委委员、副校长田力，图书馆馆长雷天锋，郑州大学信息管理学院院长臧国全、党委副书记王传芳、副院长郭少友、副院长杨瑞仙等参加启动仪式。河南中医药大学图书馆党总支书记何明举主持仪式。

9 月 29 日，2020 年郑州市社会科学普及周开幕式在郑州市图书馆举行。信息管理学院“郑州市数据科学研究中心”被授予郑州市首批哲学社会科学研究基地，学院副院长、中心成员郭少友教授，周春雷副教授参加授牌仪式。郑州市委常委、宣传部部长黄卿，郑州市社科联主席叶光林等领导亲自为郑州市首批哲学社会科学研究基地授牌，并要求各基地切实加强基地建设与管理，在郑州市哲学社会科学研究中充分发挥示范带头作用，为哲学社会科学繁荣发展做出积极贡献。

是月，在河南省教育系统教学技能竞赛（大学文科）中，徐爱琴荣获二等奖，袁静荣获三等奖。

10 月 16 日，信息管理学院邀请国家文化和旅游公共服务专家委员会委员、全国公共文化发展中心文化馆发展研究院学术委员、河南省公共文化和旅游公共服务专家委员会主任崔为工来校为信息管理学院师生作题为“公共文化的基本建设和人才需求”的学术报告。

10 月 19 日，江西财经大学图书馆馆长贺三宝、副馆长郑淑娟来信息管理学院调研座谈，院党委副书记王传芳、图书馆学系王国强教授共同迎接贺馆长一行。

10 月 22 日，信息管理学院邀请教育部管理科学与工程类专业教学指导委员会主任、国家自然科学基金大数据重大研究计划指导专家组组长、清华大学经济管理学院讲席教授、清华大学学术委员会副主任陈国青教授为学院师生作题为“大数据情境下的决策范式转变与前沿课题”的学术报告。

10 月 30 日，信息管理学院邀请武汉大学信息管理学院教授、博士生导师、武汉大学发展规划与学科建设办公室副主任、武汉大学人机交互与用户行为研究中心主任吴丹教授做客“求是讲堂”，为郑州大学师生作题为“跨设备搜索——任务建库，行为模型，效果预测”的学术报告。

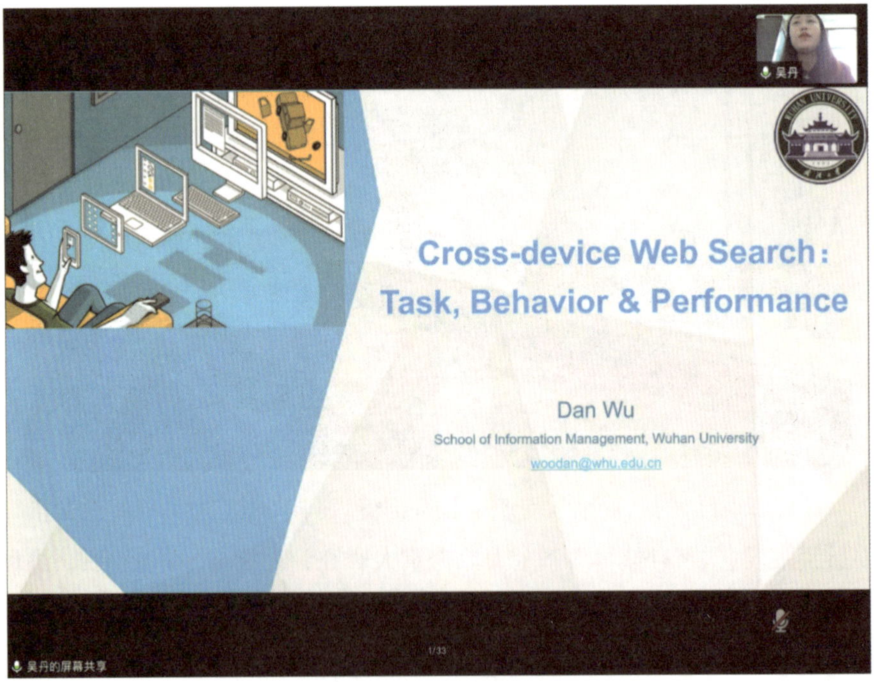

10月31日，孙大东老师被聘任为中国档案学会第九届档案学基础理论学术委员会委员。

10月，图书馆学专业邀请国家文化和旅游公共服务专家委员会委员、全国公共文化发展中心文化馆发展研究院学术委员、河南省公共文化和旅游公共服务专家委员会主任崔为工来校为本专业师生作题为“公共文化的基本建设和人才需求”的学术报告。

11月9日，信息管理学院邀请华中科技大学管理学院副院长、华中卓越学者特聘教授、全国工程管理专业学位研究生教指委委员、湖北省人文社科重点实验室现代信息管理研究中心主任鲁耀斌教授作题为“智联网环境下服务模式创新”的学术报告。

11月12日，在信息管理学院成功举办了郑州大学信息管理学院档案学专业第一届学术沙龙。围绕“综合档案馆参与重大突发事件的机制构建”这一主题，在场同学分别发表了自己的看法。

11月14日，由全国图书情报专业学位教育指导委员会（以下简称教指委）主办、郑州大学信息管理学院承办的全国图书情报专业学位教育指导委员会2020年年会暨培养单位联席会议在郑州召开。郑州大学党委副书记李兴成，教指委会副主任委员、武汉大学研究生院院长陈传夫教授，教指委委员以及来自全国40余所培养单位的百余名代表出席了会议。教指委委员、中国人民大学信息分析中心主任卢小宾教授主持开幕式并做总结发言。

11 月 15 日,由郑州大学研究生院、党委研究生工作部主办,信息管理学院承办,图书馆、档案与校史馆协办的“2020 年郑州大学第十五届研究生学术论坛——图书情报与档案管理学科发展研究生分论坛”召开。郑州大学副校长张倩红,研究生工作部部长、研究生院副院长李旭东及七位校外特邀专家出席了开幕式。开幕式由信息管理学院党委书记孙新成主持。信息管理学院院长臧国全等 100 余名师生参与了本次论坛。

11 月 18 日,信息管理学院邀请教育部“青年长江学者”、*Journal of Informetrics* 等多本英文 SSCI 期刊的编委和审稿人、大连理工大学学术委员会委员王贤文教授作题为“科学计量大数据与 Altmetrics”的学术报告。

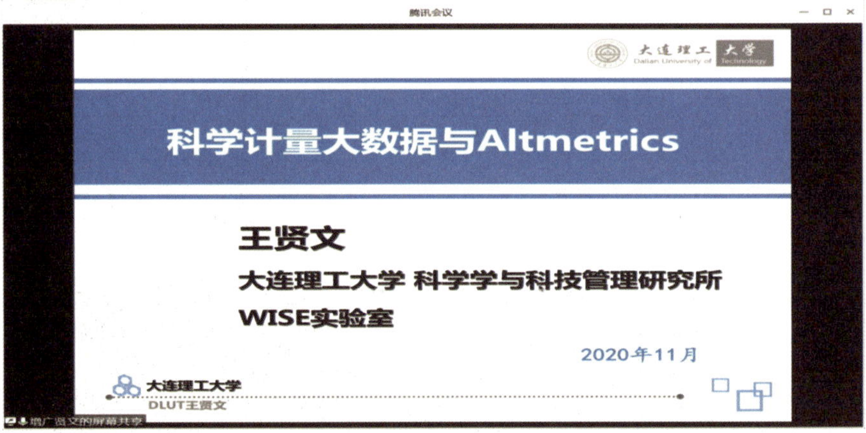

11 月 22 日,信息管理学院加入 iSchools,为 iCaucas 核心成员。

11 月 25 日,信息管理学院联合图书馆共同邀请武汉大学信息管理学院教授、博士生导师、信息资源研究中心副主任,*Internet Research*、*Information Technology & People*、*Journal of Electronic Commerce Research* 等 SSCI 期刊的副主编和审稿人,CSSCI 期刊《信息资源管理学报》副主编孙永强教授作题为“维基情境下的信息治理与知识整合”的学术报告。

是月,孙大东被聘为中国档案学会第九届理事会理事。

是年,信息管理学院领导及教师前往黄河档案馆、郑州航空工业管理学院信息科学学院等相关单位进行调研交流。

是年，尚新丽被聘为河南省图书系列高级专业技术职称任职资格评审委员会委员。

是年，王国强的独著《中国古籍保护方法南北差异的原因、意义及启示》获2020年度河南省社会科学优秀成果二等奖。

是年，杨瑞仙被评为河南省高等学校青年骨干教师，任河南省科学技术情报学会第八届理事会理事，任河南省图书馆学会第十届理事会理事。

是年，2020届图书馆学专业本科毕业生都哲如被谢菲尔德大学图书馆学专业录取。

是年，全国大学生数学建模竞赛胡秀菁团队获国家级二等奖；全国大学生环保知识竞赛张嘉获国家级一等奖，袁桂香、李柯锦等31人获国家级优秀奖；徐建国荣获河南省三好学生，徐亚娟荣获河南省优秀学生干部；SAP数据分析与可视化大学生挑战赛中，许帆、刘一聪、麻俊德队伍获国家级一等奖，李良瑜队伍获国家级优秀作品奖；全国大学生英语竞赛（NECCS）获国家级二等奖3人，国家级三等奖2人，省级优秀奖13人；首届全国大学生中华典籍文化保护与传承大赛肖先沛、杨梦柯队伍获国家级三等奖；第五届全国大学生预防艾滋病知识竞赛杨惠智获国家级优秀奖；"批改网杯"全国大学生英语写作大赛王冰艳获国家级优秀作品奖；全国大学生数学建模竞赛李良瑜队伍获省级二等奖；2020年全国高校传统文化知识竞赛杨惠智获省级优秀奖。

是年，微光志愿服务队荣获2020年度全国学雷锋志愿服务"四个100"先进典型最佳志愿服务组织。

2021年

1月12日，孙大东主持，邢变变、魏斌、李宗富、常大伟、马双双参与为福建亿榕信息技术有限公司提供管理咨询，并签订管理咨询委托合同，咨询项目名称：国网河南洛阳供电公司2020年智慧档案库房关键技术及规范研究。

1月，信息管理学院申报项目《家国情怀与全球视野交织下的时代新人国际化能力提升工程》荣获河南省普通高等学校学生工作优秀成果一等奖。

1月，孙新成主持的《定格身边的美——数码摄影攻略》被评为河南省一流本科课程，并被收入学习强国、中国大学慕课、智慧树在线教育等平台。该课程被全国234所高校作为学分课程，选课大学生4.65万余人。在学习强国平台学习者54.4万余人(次)。

2月，图书馆学专业获批2020年国家一流本科专业建设点，成为全国7所图书馆学一流本科专业建设点之一。

是月，在《关于对新冠肺炎疫情防控工作中表现突出的事业单位工作人员和集体及时奖励的决定》(中共河南省委组织部;河南省人力资源和社会保障厅)中，郎春林获得个人嘉奖。

4月19日，郑州大学信息管理学院邀请美国威斯康星大学密尔沃基分校张进教授作题为"社交媒体对信息科学研究方法的影响——挑战与机遇分析"的学术报告。此次学术活动通过腾讯会议开展，信息管理学院院长臧国全教授主持报告会，学院200余名师生线上参会。

5月18日，信息管理学院携手文鑫科技有限公司(以下简称"文鑫科技")签订产学研战略合作协议，双方本着互利互惠的原则，经过友好协商，决定在人才培养、科学研究、科技创新、技术咨询、人员培训等方面展开全面合作。

5月，郑州市图书馆馆员王艳贞进入"图书馆管理与实务"的课堂中，向2019级图书馆学专业的本科生详细介绍了郑州图书馆的主要业务工作。(图书馆员进课堂第五期)

是月，郑州大学图书馆馆员焦玥进入"图书馆管理与实务"的课堂中，向2019级图书馆学专业的本科生详细介绍了意大利图书馆的相关概况，以及一些国内图书馆的补充知识。(图书馆员进课堂第六期)

是月，桐柏县图书馆馆长陈平在"图书馆管理与实务"的课堂上与同学们进行连线，向2019级图书馆学专业本科生介绍了桐柏县及县图书馆的具体情况。(图书馆员进课堂第七期)

6月2日，由郑州大学学生处、共青团郑州大学委员会主办，郑州大学信息管理学院、模拟联合国协会承办的郑州大学首届模拟外交官风采大赛决赛在郑州大学图书馆四楼第三报告厅举行。

6 月 18 日，学院依托校友返校周活动平台，邀请郑州大学校友——北京大学图书馆研究馆员范凡博士为学院师生进行“民国时期北京大学对中国图书馆事业的贡献研究”的学术报告。报告由学院副院长郭少友主持，吸引了学院百余名师生线上参会。

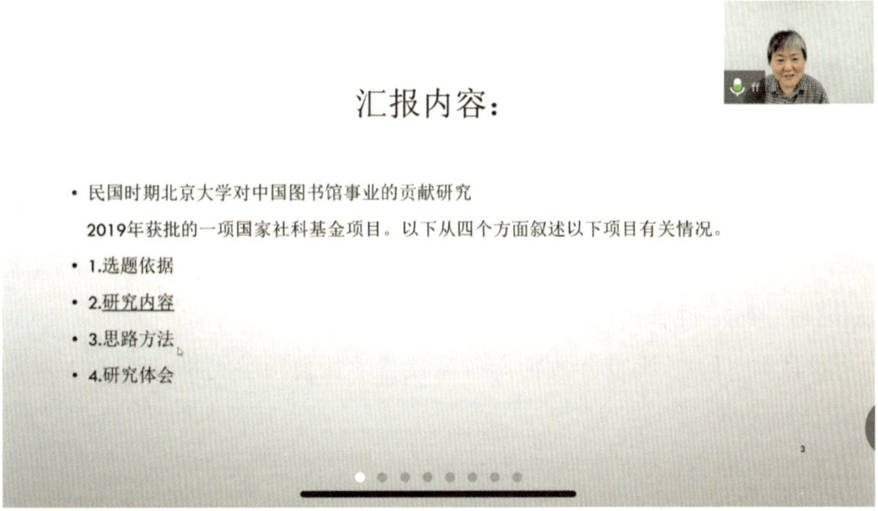

6 月 30 日，“公共文化服务研习营暨郑州大学图书馆专业 2021 学年实习开营仪式”举行。国家文化和旅游公共服务专家委员会委员及河南省公共文化服务委员会主任崔为工、河南省文化和旅游公共服务专家委员会秘书长吴玉琦、郑州图书馆馆长李红岩、郑州大学图书馆学系主任王平出席，郑州图书馆各职能部室主任、郑州大学图书馆学系部分师生代表参加了开营仪式。

是月，郑州大学与河南省文化和旅游厅共建“河南省文化和旅游公共服务创新研究基地”揭牌仪式在郑州大学行政楼第二报告厅举行。河南省文化和旅游厅一级巡视员康洁，郑州大学副校长张倩红出席揭牌仪式。国家文化和旅游公共服务专家委员会、河南省文化和旅游厅公共服务处、河南省公共文化研究中心、河南省文化和旅游公共服务专家委员会、河南省图书馆学会、信息管理学院等相关部门负责同志及师生代表参加揭牌仪式。

基地依托郑州大学图书馆学国家一流本科专业，汇聚公共文化服务与管理、文献与文化遗产、数字资源建设、出版、文化产业等领域众多权威专家，在国家文化和旅游公共服务专家委员会、河南省文化和旅游公共服务专家委员会、河南省公共文化研究中心等专家的指导下开展课题研究、咨询服务和项目合作，致力打造创新型文旅智库。

是月，王平获聘河南省文化和旅游公共服务专家委员会委员。

7月7日，孙大东主持的“河南省红色档案资源开发利用调查及优化策略研究”获河南省社会科学界联合会优秀调研成果一等奖。

是月，邢变变晋升副教授。

是月，在小学期内举办了全国优秀大学生夏令营。

是月，王娜、周春雷晋升教授。

是月，徐爱琴的精品课程“数据结构(Java版)”获河南省一流本科课程认证(线上线下混合式)。

8月19日，在2020年度河南省高校哲学社会科学优秀成果奖中，耿瑞利荣获特等奖。

8月26日，孙大东获“河南省高等学校青年骨干教师”称号。

是月，档案学专业教师马双双获批河南省博士后基金资助项目“叙事视角下红色档案建构百年党史记忆的内在机理与实现路径研究”。

9月，“河南省文化和旅游公共服务创新研究基地”依托郑州大学图书馆学专业成立“河南文旅观察”公众号，致力于传播公众文化和旅游服务的前沿信息和实践进展，打造创新型文旅智库。

10月，孙新成主持的“中原文化(武术篇)”课程被评为国家级一流本科课程。该课程被全国246所高校作为学分课程，选课大学生3.2万余人。在“学习强国”平台学习者38.8万余人(次)。

10月8日，郑州云智信安与郑州大学信息管理学院校外实习实践基地签约暨揭牌仪式隆重举行。郑州大学信息管理学院全体班子成员，教师代表金燕教授、耿瑞利博士、毕崇武博士，高新区管委会双桥园区运营中心书记徐鸿科，云智信安董事长张乾坤、轮值总经理张大康、运营总监刘瑶、研发总监董得东、技术总监冯金龙及职工代表出席仪式。

10月16日，孙大东老师被聘为中国人民大学档案事业发展研究中心研究员。

10 月 26 日，社科处副处长李建平莅临信息管理学院指导省级项目的申报及相关研究工作，学院领导班子和部分教师代表参加会议，学院党委书记孙新成主持会议。

10 月 26 日，图书情报与档案管理一级学科博士点获得批准。

是月，杨瑞仙荣获河南省社会科学优秀成果一等奖；金燕、耿瑞利荣获河南省社会科学优秀成果奖三等奖。

是月，耿瑞利荣获河南省高校哲学社会科学优秀成果奖特等奖。

是月，李宗富赴韩国大真（DaeJin）大学文献情报学系访学（为期一年）。

11 月 11 日，郑州大学信息管理学院邀请美国威斯康星大学密尔沃基分校张进教授作题为“如何有效处理向国际期刊提交的论文：从期刊编辑和审稿人的角度分析”的学术报告。此次学术活动采用线上形式开展，信息管理学院院长臧国全教授主持报告会，学院百余名师生通过腾讯会议聆听了讲座。

11 月 18 日，孙大东主持的“高校红色纪念地与历史档案的保护及利用研究”获批中国高等教育学会校史研究分会“高校校史研究”课题的立项。

11 月 23 日，由郑州市社会科学界联合会主办、郑州市数据科学研究中心承办的“郑州市数字政府建设与数据治理研讨会”在郑州大学信息管理学院顺利召开，此次会议是郑州市 2021 年度社科学术年会分会。

是月，陈忠海、常大伟、李宗富等老师参加“2021 年河南省档案工作发展论坛”，其中李宗富等撰写的论文分别荣获论坛征文二等奖 3 项、三等奖 1 项。

12 月 24 日，孙大东被聘为中国档案学会第一届档案文化专业委员会委员。

是年，图书馆学专业王平教授参加 2020 年河南省现代公共文化服务体系建设绩效考核。

是年，图书馆学专业王平教授获聘河南省图书馆学会理事、河南省图书馆学会教育与培训分委员会副主任；王国强教授获聘河南省图书馆学会古籍整理委员会副主任。

是年，郑州大学档案学专业入选河南省一流专业学科建设点。

是年，臧国全晋升二级教授。

是年，杨瑞仙任第八届科学计量学与信息计量学专业委员会副主任委员。

是年，2021届信息管理与信息系统专业本科毕业生张芊芊被南安普敦大学数据科学专业录取；郑思佳被纽卡斯尔大学口笔译专业录取。

是年，信息管理学院学生在中南七省（区）“学术搜索挑战赛”中获全国一等奖；全国大学生英语竞赛（NECCS）获国家级一等奖1人，国家级二等奖3人，国家级三等奖7人，省级优秀奖11人。

2022年

1月，信息管理与信息系统专业教师杨瑞仙、袁静晋升教授。档案学专业教师李宗富、常大伟晋升副教授。信息管理与信息系统专业教师耿瑞利、高晓宁、徐爱琴晋升副教授。

4月21日，在2021年度河南省高校哲学社会科学优秀成果奖中，孙大东获得特等奖，杨瑞仙、李宗富获得一等奖，毕崇武、付立宏获得二等奖。

5月20日，邢变变主持的“我国综合档案馆档案数字治理模式研究”获国家档案局科技项目立项。

5月23日至6月9日，为庆祝第15个“国际档案日”，信息管理学院档案学专业师生以“档案零距离”公众号为阵地，围绕“喜迎二十大·档案颂辉煌”这一主题，开展为党的二十大建言、线上主题展览、主题征文等一系列档案云活动。

5月，王平老师获聘中国图书馆学会第十届理事会学术研究委员会目录学专业组副主任。

是月，2019级图书馆学专业学生朱坤豪、苗含雨在线上参加“典红百年·典活记忆·典亮青春：第二届全国大学生中华典籍文化保护与传承大赛”决赛并获学术论文与调研报告单元三等奖。

是月，教育部信息管理与信息系统专业虚拟教研室（上海外国语大学牵头）新增加郑州大学信息管理与信息系统教研室（专业）为虚拟教研室成员单位。

是月，学院与新乡市夏烽电器有限公司共建郑州大学信息管理学院—新乡市夏烽电器有限公司智能无杆抽采设备及系统研发中心。

6月2日，河南省档案学会档案专业委员会成立，孙大东被任命为河南省档案学会青年档案工作者专业委员会副主任，李宗富被任命为河南省档案学会基础理论专业委员会副主任，常大伟被任命为河南省档案学会保管保护与安全工作专业委员会副主任，马双双被任命为河南省档案学会开发利用工作专业委员会副主任。

是月，马双双老师的文章《新〈档案法〉背景下国家综合档案馆文化功能实现的现实考察与路径探索》获“2022年中国档案学会档案学基础理论学术委员会学术年会暨第三届档案创新论坛”征文评选一等奖。

是月，教育部办公厅发布《关于公布2021年度国家级和省级一流本科专业建设点名单的通知》（教高厅函〔2022〕14号），郑州大学信息管理与信息系统（以下简称信管）专业入选国家级一流本科专业建设点。

7月1日上午，档案学新文科建设虚拟教研室通过线上平台召开说课交流会，档案学新文科建设虚拟教研室为河南省首批虚拟教研室建设试点。参会成员主要来自郑州大学和郑州航空工业管理学院的档案学专业教师。

7月9日，孙大东获评河南省高校哲学社会科学创新人才，列入2023年度河南省高校哲学社会科学创新人才支持计划。

是月，图书馆学专业王平教授、刘海丽博士参加2021年河南省现代公共文化服务体系建设绩效考核。

是月，“公共文化服务研习营第二届暨郑州大学图书馆学专业2022学年实习开营仪式”在腾讯会议线上举行。国家文化和旅游公共服务专家委员会委员及河南省公共文化服务委员会主任崔为工、南阳市文化广电和旅游局公共服务科科长张存、周口市文化广电和旅游局公共服务科科长刘文楷、郑州大学图书馆学系2020级本科生、部分研究生及部分教师参加了开营仪式。

是月，首批虚拟教研室建设试点“图书馆学人才培养模式研究改革虚拟教研室”（以下简称“虚拟教研室”）在虚拟教研室A版平台线上举行工作会议。本次会议由北京大学信息管理系主办，国内11家虚拟教研室成员单位教师出席。郑州大学图书馆学专业作为11家成员单位之一参加会议。

8月，王平获聘全国公共文化发展中心文化馆研究院委员，中国群众文化学会基础理论与创新实践研究委员会委员。

9 月 1 日，杨瑞仙老师指导的硕士黄书瑞的学位论文《基于多维特征的在线健康社区用户兴趣模型构建研究》，被评为省级优秀硕士学位论文。

9 月 3 日，由臧国全教授担任首席专家的国家社科基金重大项目“政府数据的隐私风险计量与保护机制创新研究”开题报告会在学院成功举行。

9 月 23—25 日，由郑州大学信息管理学院承办的第十三届全国科学计量学与科教评价研讨会在郑州大学顺利召开。会议的主题是：“数据科学与信息计量学的交叉融合与发展研究”。

是月，王平教授参加《河南省未成年人保护条例》修订研讨会。

是月，图书情报与档案管理一级学科博士点招收第一届博士生。

10 月 15 日，档案学虚拟教研室 · 说课（第三讲）：档案管理学课程设计与思政融合。

是月，中国社会科学评价研究院致感谢信，对信息管理学院周春雷、杨瑞仙、金燕等教师及其研究生所组成的科研团队，为中国社会科学评价研究院提供了一定的数据与技术支持，积极参与年度国家社科基金项目科研产出及研究热点统计分析、AMI 期刊评价等工作表示感谢。

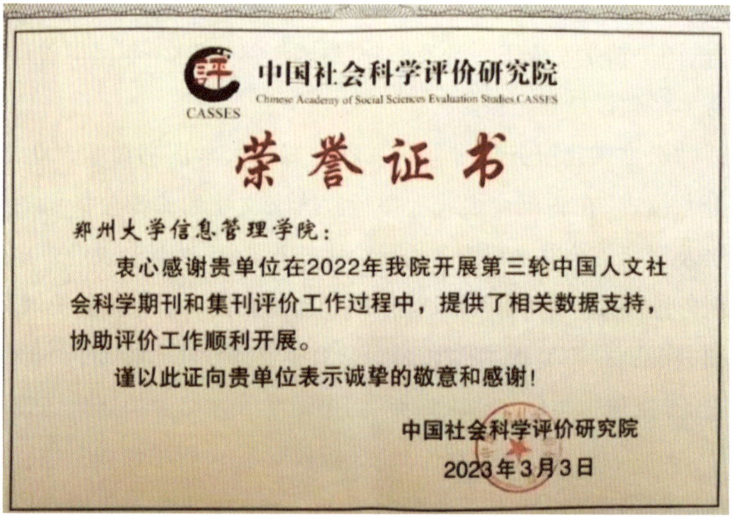
中国社会科学评价研究院
Chinese Academy of Social Sciences Evaluation Studies CASSES
CASSES

荣誉证书

郑州大学信息管理学院：

衷心感谢贵单位在2022年我院开展第三轮中国人文社会科学期刊和集刊评价工作过程中，提供了相关数据支持，协助评价工作顺利开展。

谨以此证向贵单位表示诚挚的敬意和感谢！

中国社会科学评价研究院
2023年3月3日

11 月，徐爱琴老师的精品课程数据结构（Java 版）获河南省一流本科课程认证（线上）。

12 月，硕士研究生白路浩、李欣钰、张倩、吴怡娇、张琳琳获得国家奖学金。

是月，国家档案局发布《关于印发国家级档案专家、全国档案工匠型人才、全国青年档案业务骨干人选名单的通知》，档案学专业学科带头人陈忠海被评为国家级档案专家，孙大东、邢变变、李宗富、常大伟被评为全国青年档案业务骨干。

是年，臧国全被认定为河南省高层次人才（B 类）；2022 年郑州大学特聘教授被续聘。

是年，袁静被评为 2022 年度河南省高校哲学社会科学创新人才。

是年，杨瑞仙被评为 2022 年度河南省教育厅学术技术带头人。

是年，耿瑞利在河南省教育系统教学技能竞赛（经管科）中荣获二等奖。

是年，档案学孙大东、邢变变赴韩国访学（为期一年）。

是年，2022 届图书馆学本科毕业生李昕被南安普敦大学政府公共管理专业录取。

2023 年

2 月，马双双被河南省档案局评为河南省省级档案专家。

3 月，全国哲学社会科学工作办公室向我院致感谢信，对信息管理学院周春雷、杨瑞仙等同志参与《国家社会科学基金年度报告》相关工作给予了高度认可，并表示感谢。

3 月，信息管理学院金燕教授、周春雷教授在省级新闻媒体《河南科技报》（2023 年 3 月 10 日）第 A6 版刊发《加快培育本土大数据企业 促进我省大数据产业高质量发展》的建议文章。

3 月，杨晓农、孙新成晋升为教授。

3 月，信息管理学院周春雷教授受邀参加由中国社会科学评价研究院主办的第十届全国人文社会科学评价高峰论坛暨期刊评价报告发布会。

4 月，硕士研究生张琳琳获得“河南省研究生创新之星”称号。

是月，信息管理学院臧国全教授带领的“数据科学”导师团队获得“河南省优秀研究生导师团队”称号。

二　师资变动汇总

（一）学院师资变动表

图书馆学	
王国强	1985 年 4 月入职,2022 年 12 月退休
刘惠萍	1987 年 8 月入职,1990 年 8 月出国
徐丽娜	1985 年 7 月入职,2022 年 10 月退休
代根兴	1985 年 7 月入职,2000 年 10 月调离
崔慕岳	1985 年 8 月调入,2004 年退休
张中秋	1985 年 8 月入职,2004 年 10 月退休
柯　平	1986 年 6 月入职,2002 年 4 月调离
白　华	1986 年 6 月入职,2015 年 12 月退休
李　维	1986 年 7 月入职,2018 年 7 月退休
史明兰	1986 年 7 月入职,1996 年 7 月调离
李岩波	1987 年 7 月入职,2009 年离职
李　甦	1987 年 7 月入职,1992 年 6 月离职
周晓燕	1988 年 6 月入职,1997 年 9 月离职
史灵歌	1988 年 7 月入职,2003 年调离
彦可颜	1988 年入职,1998 年退休
杨晓农	1995 年 8 月入职

续表

李　敏	2003 年 4 月入职
纪　真	2004 年 7 月入职,2020 年 3 月调离
王　平	2008 年 7 月入职
李娜娜	2018 年 10 月入职
刘海丽	2019 年 1 月入职
王春迎	2020 年 9 月入职
张雅琪	2021 年 10 月入职
档案学	
陈忠海	1986 年转为档案学教师,2022 年 9 月退休
黄俊琳	1986 年入职,1996 年 8 月调离
王金玉	1986 年转为档案学教师,2002 年 7 月逝世
王星光	1986 年转为档案学教师
毛安福	1986 年 7 月入职,后转岗
李文以	1987 年 7 月入职
所桂萍	1988 年 8 月入职,2017 年 1 月离职
尚新丽	2000 年 7 月入职
金　凡	2005 年 7 月入职
魏　斌	2010 年 7 月入职
朱　琨	2012 年 7 月入职,2015 年 3 月转岗
孙大东	2015 年 7 月入职
邢变变	2016 年 7 月入职
李宗富	2017 年 7 月入职
徐欣欣	2017 年 7 月入职,2021 年 9 月调离

续表

常大伟	2019 年 7 月入职
马双双	2019 年 7 月入职
信息管理与信息系统	
郭少友	1988 年 7 月入职
臧国全	1991 年 5 月入职
周拴龙	1997 年 1 月入职
李　雪	2001 年 4 月入职
付立宏	2001 年 8 月入职
鲁晓明	2003 年 7 月入职
赵天昀	2004 年 7 月入职
徐爱琴	2004 年 7 月入职
金　燕	2005 年 7 月入职
郭　强	2006 年入职
王　娜	2008 年 7 月入职
周春雷	2010 年 7 月入职
袁　静	2010 年 7 月入职
杨瑞仙	2011 年 7 月入职
郎春林	2014 年 3 月入职
高晓宁	2018 年 12 月入职
耿瑞利	2019 年 7 月入职
毕崇武	2021 年 9 月入职
孙　倬	2022 年 12 月入职
张凯亮	2022 年 12 月入职

（二）院外师资变动表

序号	姓名	单位	职务/职称
1	孔德超	河南省图书馆	馆长、研究馆员
2	崔　波	郑州大学图书馆	河南省高校图工委副主任、研究馆员
3	楚明超	河南省科技信息研究院	院长、教授级高工
4	李红岩	郑州市图书馆	馆长、研究馆员
5	雷天锋	河南中医药大学图书馆	馆长、副研究馆员
6	岳修志	中原工学院图书馆	馆长、研究馆员
7	马艳霞	洛阳师范学院图书馆	直属党支部书记、研究馆员
8	白广思	郑州大学图书馆	副馆长、研究馆员
9	马　越	郑州大学图书馆	副馆长、副研究馆员
10	张晓培	郑州大学档案与校史馆	副馆长、副研究馆员
11	王丹丹	河南科技大学管理学院	副院长、教授
12	赵长海	郑州大学图书馆	研究馆员
13	王一华	郑州大学图书馆	研究馆员
14	杨俊丽	郑州大学图书馆	研究馆员
15	张　研	郑州大学历史学院	副研究馆员
16	曹炳霞	郑州大学图书馆	副研究馆员
17	梁允华	郑州大学图书馆	副研究馆员
18	张心源	河南省大数据研究院	副教授
19	李　昂	郑州大学第一附属医院	助理研究员
20	朱　琨	郑州大学学科与重点建设处	讲师
21	刘建霞	郑州大学图书馆	馆员

续表

序号	姓名	单位	职务/职称
22	王　琦	郑州大学图书馆	馆员
23	杨　曼	郑州大学图书馆	馆员
24	刘　宁	郑州大学图书馆	馆员
25	陈茜月	郑州大学档案与校史馆	馆员
2020 年以后不再招生的硕士生导师			
1	张怀涛	中原工学院图书馆	曾任馆长,研究馆员
2	张予宏	郑州大学档案与校史馆	曾任馆长,研究馆员
3	朱　榕	郑州大学图书馆	曾任副馆长,副研究馆员
4	刘敏华	郑州大学档案与校史馆	曾任副馆长,副研究馆员
5	吴志红	郑州大学图书馆	研究馆员
6	席会芬	郑州大学图书馆	副研究馆员
7	刘　永	郑州航空工业管理学院	曾任信息管理学院院长,教授
8	刘焕成	郑州航空工业管理学院	曾任信息管理学院副院长,教授
9	周九常	郑州航空工业管理学院	曾任信息管理学院副院长,教授
10	刘国华	郑州航空工业管理学院	教授
11	景卫东	河南省档案馆	曾任技术处副处长,研究馆员

(三)党政人员一览表

姓名	在校时间	任职情况
高永健	1986 年 5 月入职,2001 年 9 月调离	曾从事行政、教学、学生管理等工作,现任郑州大学药物研究院党委副书记
曹振宇	1993 年 9 月入职,1995 年 11 月调离	曾任系团总支书记,全面负责学院学生工作,现任郑州大学南校区综合管理中心主任

续表

姓名	在校时间	任职情况
高跃平	1995 年 1 月入职,2019 年 8 月调离	曾任系办公室主任、工会主席、教工党支部书记,现任郑州大学保卫处副处长
王东芹	1986 年 7 月入职,1995 年 8 月调离	曾负责系教务工作
殷春红	1986 年 10 月入职,1991 年 7 月调离	曾任系团总支副书记
王秀梅	1985 年 4 月入职,2004 年 5 月去世	曾任副研究馆员,筹建系工作室,并负责资料室工作
李建伟	1985 年 8 月入职,1990 年 6 月调离	曾任系辅导员,现担任郑州市退役军人事务局党组书记、局长、一级调研员
高重迎	1988 年 9 月入职,1994 年 3 月调离	曾任系辅导员,现为河南财经政法大学教授
宁　娟	1986 年 9 月入职,1992 年 12 月调离	曾任系办公室主任
白付理	1995 年 12 月入职,2001 年 6 月调离	曾任系团委书记,现任郑州大学农学院党总支书记
王　军	1994 年 9 月入职,2021 年 2 月退休	曾任学院科研秘书,负责资料室工作
张红霞	1997 年 6 月入职,2021 年 3 月退休	曾任学院教学办公室主任
罗跃军	1998 年 10 月入职	曾任学院党务干事,现任学院学工办主任
杜道运	2000 年 6 月入职,2009 年 5 月调离	曾任学院团委书记,现任郑州大学商学院党委副书记
阴春枝	2001 年 9 月入职	任学院研究生管理办公室主任
李建平	2002 年 8 月入职,2005 年 10 月调离	曾负责学院成人教育工作,现在郑州大学信息化办公室工作

续表

姓名	在校时间	任职情况
成举华	2004 年 2 月入职,2019 年 8 月调离	曾任学院学工办主任,现任郑州大学南校区社区副主任
王元锋	2009 年 9 月,2015 年 7 月调离	曾任学院团委书记,现任郑州大学宣传部副部长
郭喻楠	2015 年 5 月入职	现任学院团委书记
王传芳	2019 年 9 月调入	现任学院党委副书记
强钰婉	2021 年 8 月入职	现任学院专职辅导员

三 论著情况

出版时间	作者	著作名称
1987年	刘延章	《科技图书馆工作手册》(上下册)
1988年	柯平、张怀涛、崔永斌	《图书情报学文献检索》
	高代英、王秀梅	《田野里走来的青年人》
1989年	张怀涛、崔永斌、柯平	《报刊与报刊工作》
1990年	崔灿、崔慕岳、王国强、王秀梅	《古今图书文献检读》
	刘延章	《文献分类学》
	高天星、王秀梅等	《现代公共关系学》
1992年	罗式胜、柯平等	《图书馆公共关系概论》
	王东晓、曹振宇等	《中国共产党思想政治教育史纲》
1993年	柯平、崔慕岳	《关于图书馆改革战略的思考》
1994年	姚小鸥、姚海燕、王国强、代根兴、周晓燕、崔慕岳等	《中国文化大百科全书》
	徐召勋、柯平等	《书评学概论》
1995年	高洁、代根兴等	《信息产业管理》
	李梦悟(王国强、李国强、刘光普笔名)	《人生大学问——糊涂学》
1997年	王金玉	《宋代档案管理研究》
	柯平	《书目情报系统理论研究》

续表

出版时间	作者	著作名称
1999 年	柯平	《文献目录学》
	陈忠海	《档案鉴定的理论与实践》
2000 年	王国强	《明代目录学研究》
	崔慕岳	《河南图书情报事业跨世纪发展战略研究》
2004 年	王金玉	《王金玉档案学论著》
2005 年	崔慕岳	《河南省数字化图书情报系统研究》
2007 年	王国强	《汉代文献学研究》
2008 年	崔慕岳	《河南省高等学校图书馆发展志略》
2008 年	李敏	《〈中图法〉组织民族古籍的可行性、局限与改造》
	王平	《流程导向的企业实时知识管理研究》
2010 年	王平	《图书馆管理学》
2011 年	金燕	《国家图书馆数字战略研究》
	金燕	《信息资源管理学》
2013 年	陈忠海	《档案法立法研究》
	杨瑞仙	《Web2.0 环境下知识交流模式与规律研究》
2014 年	陈忠海	《中国图书档案损毁史实的调查与书厄观研究》
	李文以	《档案开发利用教程》
	臧国全	《基于项目生命周期的信息资源数字化建设研究》

续表

出版时间	作者	著作名称
2014 年	袁静	《图书馆联盟风险防范研究》
	臧国全	《数字保存经济要素与经济评价研究》
2015 年	王国强	《中国古籍序跋史》
	王国强	《中国古代文献的保护》
2016 年	周春雷	《学术授信评价及其应用》
2017 年	臧国全	《基于项目生命周期的信息资源数字化建设研究》
	臧国全	《数字保存的经济要素与经济评价研究》
	金凡	《电力建设项目档案管理实务》
	孙大东	《基于范式论批判的中国档案学发展研究》
2018 年	李敏	《高校图书馆学科服务平台学科资源构建探讨》
	陈忠海	《依法治档研究》
	孙新成、郭喻楠	《大学生求职与职场教育读本》
2019 年	臧国全	《数字保存的风险型元数据与风险》
	邢变变	《中国档案学共同体研究》
	袁静	《移动环境下高校图书馆用户情景敏感服务模式及平台开发》
	陈忠海	《河南社科名家文库——陈忠海卷》
	王娜	《泛在网络中的信息过载与信息组织模式研究》

续表

出版时间	作者	著作名称
2019 年	刘海丽	《文化馆总分馆制研究》
	徐欣欣	《个人数字文件保存挑战与档案馆对策研究》
2020 年	李宗富	《信息生态视角下政务微信信息服务模式与服务质量评价研究》
	常大伟	《国家治理现代化视阈下我国档案治理能力建设研究》
	耿瑞利	《社交网络用户知识共享行为与动机》
	陈忠海	《数说中国档案 40 年》丛书
	王国强	《中国古籍保护方法南北差异的原因、意义及启示》
	孙新成	《中原武术文化教程》
2021 年	付立宏	《公共图书馆用户权利义务规范配置研究》
2022 年	孙大东	《基于范式论视阈的档案学科与档案职业协同发展研究》
2023 年	孙新成	《数码摄影技巧与赏析》

四 科研项目情况

立项时间	主持人	科研项目
1987 年	柯平	中外目录学比较研究
	代根兴	图书馆读者工作
	王国强	明代书目考
1991 年	柯平	地方文献理论与河南地方文献研究
	刘延章	文献分类体系与体系研究
	王国强	明代藏书史
1992 年	柯平	国家教委“八五”社科基金项目“书目情报服务经济效益及其评价”
	邹永利	省教委社科基金“企业情报源”
1995 年	柯平	省教委社科基金“社会科学书目情报系统管理及经济效益评价”
	王国强	省教委社科基金“图书馆学跨世纪人才培养”
1996 年	柯平	国家社会科学基金重点项目“书目控制的经济学与我国书目控制的经济效益研究”
1999 年	王国强	省哲学社会科学规划项目“面向知识经济河南信息服务业发展研究”
2000 年	柯平	河南省实用社会科学优秀成果“河南图书情报事业跨世纪发展战略研究”

续表

立项时间	主持人	科研项目
2002 年	付立宏	河南省高校青年骨干教师资助计划项目“中国国家信息政策的体系构造与运作机制”
2003 年	付立宏	国家社会科学基金青年项目“基于知识管理的图书馆运行机制研究”（03CTQ001）
2004 年	王国强	河南省哲学社会科学规划项目“网络环境下图书馆文献资源建设问题研究”（2004BZH002）
	付立宏	河南省教育厅人文社科青年基金项目“河南省数字鸿沟的现状分析与调控政策”（2004-QN-020）
2005 年	李敏	教育厅专项任务项目——我国少数民族非文字古籍研究（2005-ZX-459）
	臧国全	国家社会科学基金一般项目“基于项目生命周期的图书馆信息资源数字化建设研究”（05BTQ007）
2006 年	臧国全	国家自然科学基金面上项目“数字保存系统的质量保证标准与认证研究”（70673094）
	付立宏	河南省教育厅人文社科重点项目“基于信息生态视角的图书馆信息资源协同共享系统研究”（2016-ZD-083）
	付立宏	河南省哲学社会科学规划项目“图书馆知识转移策略研究”（2006FZH004）
2007 年	陈忠海	国家社会科学基金一般项目“档案法立法研究”（07BTQ027）
	王国强	国家社会科学基金一般项目“中国古代文献保护方法及其现实价值”（07BTQ009）
2008 年	付立宏	河南省教育厅人文社会科学研究项目“图书馆用户权利保护机制研究”（2008-GH-104）

续表

立项时间	主持人	科研项目
2010 年	白华	国家社会科学基金一般项目“大众分类法本体构建与集成映射研究”（10BTQ017）
	付立宏	国家社会科学基金一般项目“知识转移绩效与图书馆咨询团队运行机制研究”（10BTQ024）
2011 年	周春雷	国家社会科学基金青年项目“学术授信评价及其在学术博客评价中的应用”（11CTQ014）
	臧国全	国家自然科学基金面上项目“数字保存经济要素与经济评价研究”（71173197）
	袁静	河南省教育厅人文社会科学研究项目“基于情景感知的图书馆自适应个性化服务研究”（2011-QN-216）
2012 年	王娜	国家社会科学基金青年项目“泛在网络中的信息过载与信息组织模式研究”（12CTQ027）
	王国强	河南省哲学社会科学规划项目“中原古代图书文化研究”（2012BZH009）
2013 年	王国强	国家社会科学基金项目“现当代中国文献辨伪学（1912-2012）研究”（13BTQ035）
	王平	河南省哲学社会科学规划项目“我国公共图书馆弱势群体服务实证研究”（2013CZH004）
	袁静	国家社会科学基金青年项目“移动网络环境下高校图书馆用户情景敏感服务模式及实证研究”（13CTQ046）
	郭少友	教育部人文社会科学研究规划基金项目“图书馆数字资源的细粒度语义化描述与复用研究”（13YJA870008）
	陈忠海	国家社会科学基金一般项目“依法治档研究”（13BTQ068）
	杨瑞仙	河南省社科规划项目“河南省高校科研创新力评价研究”（2013CZH006）

续表

立项时间	主持人	科研项目
2014 年	王平	“国内公共图书馆弱势群体服务现状调查与思考”获评教育厅人文社会科学研究成果奖一等奖
	杨瑞仙	中国博士后科学基金面上资助项目“基于引文的科研关系组织及其服务研究”(2014M561026)
2015 年	金燕	国家社会科学基金一般项目“基于用户行为挖掘的 UGC 质量实时预判与控制机制研究”(15BTQ064)
2016 年	孙大东	国家档案局科技项目“网络信息归档范围与保管期限研究”(2016-X-19)
	孙大东	国家社会科学基金青年项目“基于范式理论视阈的档案学科与档案职业协同发展研究”(16CTQ034)
	王平	国家社会科学基金项目“社会资本视角下未成年人整体信息援助研究”(16BTQ013)
	杨晓农	国家社会科学基金一般项目“‘超越存取’推广行动背景下图书馆社会影响力研究”(16BTQ008)
	臧国全	国家自然科学基金面上项目“数字保存系统的风险型元数据与风险监控研究”(71673255)
	杨瑞仙	河南省社科规划项目“基于多维计量方法的学科结构与知识演化研究”(2016BZH008)
2017 年	陈忠海	国家社会科学基金重点项目“法律规制视域下中国档案工作规范体系建设研究”(17ATQ012)
	付立宏	国家社会科学基金一般项目“公共图书馆用户权利义务规范配置研究”(17BTQ007)
	杨瑞仙	国家社会科学基金青年项目“学术虚拟社区知识交流效率测度研究”(17CTQ030)

续表

立项时间	主持人	科研项目
2017 年	李敏	国家社会科学基金一般项目“中国少数民族文献目录研究”(17BTQ021)
	王平	河南省高等教育教学改革研究与实践项目“以国际高水平 iSchool 为目标的图书情报专业硕士课程教育体系创新研究”
	周春雷	河南省哲学社会科学规划项目“河南省社会科学优秀成果奖学术影响力研究”(2017BZH008)
	邢变变	国家档案局科技项目“基于创新扩散理论的档案微传播研究”(2017-X-21)
2018 年	李宗富	国家档案局科技研究项目“国家综合档案馆公共服务能力评估指标体系构建及实证研究”(2018-R-006)
	邢变变	国家社会科学基金青年项目“创新扩散理论视阈下档案信息资源自媒体传播研究”(18CTQ036)
	李宗富	河南省哲学社会科学规划项目“河南省各级综合档案馆公共服务能力评估及提升策略研究”(2018BZH008)
	王娜	国家社会科学基金一般项目“用户参与的网络动态信息组织模式研究”(18BTQ071)
	袁静	河南省哲学社会科学规划项目“高校图书馆情景敏感的移动服务用户体验模型及体验优化研究”(2018BZH007)
2019 年	周春雷	河南省哲学社会科学规划项目“基于 ESI 的河南省优势学科识别与人才评价研究”(2019BZH005)
2020 年	常大伟	河南省社科规划青年项目“治理现代化语境下档案制度效能提升研究”(2020CZH008)
	常大伟	河南省博士后基金资助项目“数字中国视野下政府数据治理能力建设研究”(202002030)

续表

立项时间	主持人	科研项目
2020 年	臧国全、姚武、郭少友、马越、杨瑞仙、周春雷、金燕、王娜	郑州大学教育教学改革研究与实践重大项目“本科生文献综述质量评价与能力培养研究”(2020zzuJXLX009)
	杨瑞仙	河南省高等学校青年骨干教师培养计划项目“学术虚拟社区知识交流机制的系统动力学仿真研究”(2020GGJS012)
	高晓宁	中国博士后科学基金会“一对多型应急物资代储供应链中动态博弈与契约协调研究”(2020M672302)
	郭少友	国家社会科学基金一般项目“基于区块链的个人医疗信息语义组织与多粒度可信溯源方法研究”(20BTQ063)
	郎春林	教育部 2020 年产学合作协同育人项目“SAP 分析云师资培训”(202002265006)
2021 年	李宗富	国家档案局科技项目“依法治档背景下档案治理体系现代化建设研究”(2021-R-15)
	马双双	国家档案局科技项目“新《档案法》背景下国家综合档案馆文化功能实现路径研究”(2021-R-17)
	李宗富	教育部人文社会科学研究一般项目“面向高质量发展的档案治理体系现代化建设研究”(21YJC870007)
	马双双	河南省博士后基金资助项目“叙事视角下红色档案建构百年党史记忆的内在机理与实现路径研究”(242942)
	孙大东	国家社会科学基金项目“档案术语与档案学科协同演化机理研究”(21BTQ110)
	王国强	国家社会科学基金项目“中国古籍修复技术体系建构及其应用研究”(21BTQ001)

续表

立项时间	主持人	科研项目
2021 年	李娜娜	河南省哲学社会科学规划年度项目“河南马克思主义经典读物阅读史研究（1919-1949 年）”（2021CZH022）
	臧国全	国家社会科学基金重大项目“政府数据的隐私风险计量与保护机制创新研究”（21&ZD338）
	金燕	国家社会科学基金一般项目“群体参与视角下在线健康信息质量治理研究”（21BTQ054）
	周春雷	国家社会科学基金一般项目“学术图书价值揭示方法研究”（21BTQ067）
	高晓宁	国家自然科学基金青年项目“突发事件下应急物资社会筹集中人因风险的识别与治理研究”（72101239）
	徐爱琴	河南省高等学校精品在线开放课程“数据结构（Java 版）”课程建设
	袁静	河南省高校哲学社会科学创新人才支持计划项目“价值共创视角下用户参与图书馆智慧服务模式研究”（2022-CXRC-20）
	杨瑞仙	河南省社科规划决策咨询项目“推进社科工作者挺进网络主战场的机制与路径研究”（2021JC61）
2022 年	王春迎	河南省横向科技项目“黄河文化遗产数据资源的语义表示与组织研究”（202202148）
	常大伟	国家社会科学基金一般项目“档案治理生态系统优化及治理效能提升研究”（22BTQ108）
	王春迎	河南省社会科学规划项目“河南省黄河文化遗产智慧数据建设与活化利用研究”（2022CZH017）
	付立宏	河南省高校哲学社会科学基础研究重大项目“信任视角下图书馆制度的影响力及其扩放机制研究”（2022-JCZD-23）

续表

立项时间	主持人	科研项目
2022 年	袁静	河南省哲学社会科学规划项目“用户参与图书馆智慧服务价值共创研究”（2022BZH009）
	毕崇武	河南省哲学社会科学规划年度项目一般项目“基于词汇功能识别的交叉学科知识涌现机制研究”（2022BZH008）
	毕崇武	中国科协 2022 年度科技智库青年人才计划，面向“高端交流平台”的计算型情报服务体系构建研究（20220615ZZ07110050）
	王平	国家社会科学基金年度项目“国家数字素养战略中的儿童互联网治理研究”（22BTQ093）
	张雅琪	国家社会科学基金青年项目“协同育人视域下儿童课后服务的公共图书馆参与机制研究”（22CTQ012）
	李娜娜	河南兴文化工程文化研究专项“河南县级图书馆庋藏古籍四部分类整理与研究”（2022XWH260）
	杨瑞仙	国家社会科学基金一般项目“社交网络数据隐私风险识别与治理研究”（22BTQ072）
	杨瑞仙	河南省高等学校哲学社会科学基础研究重大项目“融入多用户属性的网络知识社区核心用户识别与推荐研究”（2023-JCZD-27）
	杨瑞仙	中国高等教育学会 2022 年度高等教育科学研究规划课题“地方大学改革与发展实践研究”（《课题名称：地方“双一流”高校区域性战略科技力量建设研究》）（2020GGJS012）
	杨瑞仙	河南省高等学校重点科研项目“十三五期间河南省高校 R&D 投入产出绩效评价研究”（22A870004）
	耿瑞利	国家社会科学基金一般项目“突发公共事件衍生数据隐私风险的识别与消减机制研究”（22BTQ074）
	邢变变	国家档案局科技项目“我国综合档案馆档案数字治理模式研究”（2022-R-028）

五 培养方案

（一）本科生培养

图书馆学（含公共文化方向）

1. 培养目标

本专业立足图书馆学，向公共文化领域拓展和延伸，培养具有广阔国际视野、深厚综合素养、卓越专业能力，适应图书馆等各级各类公共文化服务机构管理、服务和研究需求的专门人才。

2. 专业实力

图书馆学专业设立于1985年，是河南省高校中第一个图书馆学本科专业，也是国内高校较早开设的图书馆学专业之一，入选国家一流本科专业（2020）（目前全国图书馆学专业国家一流本科建设点共有7所，河南仅1所）。目前，本专业具有本科、学术硕士/专业硕士学位和博士学位授权资格。伴随着国家大力推动公共文化服务体系建设，本专业依托雄厚的图书馆学优势向公共文化服务领域拓展，并得到河南省文化和旅游厅、河南省文化和旅游公共服务专家委员会、国家文化和旅游部公共文化研究中心的支持。本专业师资队伍实力较强，教授、副教授占60%，拥有博士学位的教师占50%，主持国家级科研课题项目的教师占60%。同时与河南省人力资源和社会保障厅、河南省文化和旅游厅、河南日报报业集团、河南省图书馆、郑州图书馆等单位建立教育实践实习合作关系。

3. 培养特色

本专业在国内高校同类专业中率先实现依托图书馆学专业向公共文化

服务领域拓展和深化，着力构筑以图书馆学为基础、适应国家文化发展战略的教学体系、课程体系。课程设置兼顾图书馆和各类公共文化服务机构，教学内容拓宽基础、融会贯通，师资队伍实行校内外结合、研究型和实践型结合，培养学生在图书馆等公共文化服务全领域、全行业、全机构的适应性，提升竞争力，拓展就业面。

4. 毕业去向

本专业毕业生一直保持较高的考研率（50% 以上），约 10% 出国深造。毕业生就业主要分布在政府文化和旅游管理部门，各级各类图书馆、文化馆、博物馆、美术馆、综合性文化中心等公共文化服务机构，文化产业类公司企业、文化类社会组织，各级各类企事业单位的信息资源管理和文化服务部门等。

档案学

郑州大学档案学专业创建于 1986 年 7 月，原隶属于历史系，后变更为文博学院档案系，2001 年并入信息管理学院，成为信息管理学院下属的档案学系。经过三十余年的发展，依托郑州大学“双一流”建设和“图书情报与档案管理”河南省重点学科建设，以及“信息资源管理”一级学科博士点等，档案学专业已经形成了在文件处理、档案管理、信息管理、秘书工作等领域中应用型高级专门人才培养的优势和特色，已经成为在省内优势明显、在全国具有一定影响力的档案学专业人才培养的基地和学术研究的中心。2018 年档案学专业被河南省教育厅认定为省级优秀基层教学组织，2021 年入选河南省一流专业学科建设点；2022 年获批第二批郑州市哲学社会科学研究基地——区域档案工作发展战略研究中心。目前该专业具有本科、二级学科硕士学位、图书情报专业硕士学位、一级学科博士学位三个层次的学位授予权。

1. 培养目标

档案学专业旨在培养具备系统的档案学基础理论知识和较高的信息素养，掌握现代管理知识、信息技术和档案管理专业技能，具有良好的创新意识与实践能力，适合从事文件处理、档案管理、信息管理、秘书工作的厚基础、宽口径、高素质的专业人才。

2. 课程设置

档案学专业从2017年开始施行大类招生，分为大类培养阶段（本科第一学年和第二学年）和专业培养阶段（本科第二学年第二学期、第三学年、第四学年）两个阶段。专业分流工作截止于本科第二学年第一学期完成，第二学年第二学期正式进入专业培养阶段。主干课程有：档案学概论、档案管理学、中国档案事业史、档案法规学、专门档案管理、外国档案管理、企业档案管理、档案保护技术学、纸质档案修复技术、电子文件管理、电子政务、政府信息资源管理、档案文献检索、数字档案馆概论、档案展览策划与组织、档案学术论文写作等。

3. 师资队伍

档案学专业目前共有教师9人，其中教授1人、副教授5人、讲师3人，有海外访学经历的教师3人。青年骨干力量占60%，科研成果多、潜力大、干劲足。在档案治理、档案范式论、档案信息传播、政府信息资源管理、企业档案管理等领域形成了自己的研究特色。尤其在档案法治领域，业已占据了国内前沿高地，形成了辐射河南省内重要档案专家且由领军人物带头、中青年专家梯队合理的研究团队。近5年来，该专业教师共发表学术论文近450篇，其中核心期刊论文占比为80%。主持国家社科基金项目7项（含重点项目1项），教育部基金项目1项，国家档案局项目6项，省级社科项目3项，其他省厅级项目10余项。获得各级教学奖励及荣誉称号近20项。此外，在2022年12月由国家档案局发布的《关于印发国家级档案专家、全国档案工匠型人才、全国青年档案业务骨干人选名单的通知》中，档案学专业学科带头人陈忠海被评为国家级档案专家，孙大东、邢变变、李宗富、常大伟被评为全国青年档案业务骨干。2023年2月，马双双被评为河南省省级档案专家。

4. 就业前景

近5年来，档案学专业的教学质量受到社会普遍肯定，平均每年有

36.4%的本科生保送或考入国家重点院校和学术研究机构攻读硕士研究生，3%的本科生出国深造。信息管理学院向兄弟院校输送的研究生，深受导师们喜爱，为郑州大学档案学专业赢得了声誉及口碑。其余毕业生主要在国家各级档案行政管理部门（档案局），各级各类档案馆，党政军机关和企事业单位的档案部门、信息部门，各级各类单位的办公厅（室），档案技术与办公自动化技术的科研、开发企业（单位），档案专业教育培训机构等机构就业。

信息管理与信息系统

1998年设立，国家首批“信息管理与信息系统”本科专业，国家级一流本科专业、河南省一流本科专业建设点，信息资源管理一级学科博士点招生培养单位，情报学硕士、图书情报硕士招生培养单位，河南省高等学校优秀基层教学组织，教育部信息管理与信息系统虚拟教研室成员，实施“菁英实验班”项目，培养数据科学拔尖人才，拥有1个郑州市哲学社会科学研究基地——“郑州市数据科学研究中心”。

1. 培养目标

旨在培养具备现代管理学理论基础、掌握信息系统开发、信息分析方法与技能，能够在国民经济与社会各行业、各级各类管理部门从事信息资源管理、信息系统开发与维护、数据分析与管理等方面工作，德、智、体、美、劳全面发展，具有健全人格和社会责任感的创新型人才。

2. 课程设置

主干课程：管理学原理，信息管理学基础、信息组织与检索、管理信息系统、数据结构、数据库原理、编程语言、数据挖掘、文本理解与分析、数据可视化、Python应用、数据分析、社会调查与统计分析、商务智能、信息安全等。

3. 师资力量

有专任教师20人，其中教授9人，副教授4人，拥有博士学位教师15人，有海外留学或访学背景的教师7人，河南省高校科技创新人才2人，河南省教育厅学术技术带头人4人，青年拔尖博士2人，河南省优秀中青年骨干教师7人，郑州大学特聘教授2人，青年教学名师培育对象1人。专任教师中，有海外留学、访学经历的占50%，教授为本科生上课率100%，50%以上的教师主持过国家级科研项目。近年来主持完成省级教学改革项目2项，获省级教学技能竞赛奖项多项，获批国家级、省级一流课程4门。

4. 科研水平

近年来，本专业主持国家社科基金重大项目1项，国家自然科学基金项目4项，国家社科基金一般项目和青年项目14项，教育部项目1项，省级智库项目1项，其他省厅级项目多项。在本学科权威及核心期刊发表学术论文200余篇，出版专著8部，国家级"十一五"规划教材2部。获省社科奖一等奖2项，三等奖5项，其他省部级科研奖励10余项，调研报告获省级主要领导批示一项，获教育厅、工信厅等单位采纳多项。

5. 学生培养

探索创新型人才培养模式，启动"一院一特色"——"菁英实验班"项目，面向信管专业选拔优秀学生，培养数据科学拔尖人才。

鼓励学生参加学科竞赛、学术会议和大学生创新创业训练项目。学生多次在"挑战杯""全国大学生数学建模大赛""全国大学生英语竞赛""SAP国际大学生模拟企业精英挑战赛"等竞赛中获国家级、省级奖。获批多项国家级、省级和校级大学生创新创业训练项目。多名学生参加ISSI（国际科学计量学和信息计量学学会）、iConference等国际学术会议。

重视学生科研能力的培养，保研考研率高。学生在本学科中外文核心期刊上发表学术论文100余篇。百余位同学进入北京大学、中国人民大学、武汉大学、浙江大学、复旦大学、南京大学等双一流高校和科研机构攻读硕士和博士研究生。20余位同学进入美国匹兹堡大学、卡耐基梅隆大学等世界一流高校攻读硕士和博士研究生。

6. 就业前景

既培养信息系统的建设能力，更面向大数据环境培养数据挖掘、数据分析和数据管理能力。就业前景广阔，主要就业岗位：信息系统开发、系统分析、数据分析、IT产品经理、信息架构、信息系统实施、信息系统管理与维护、信息资源管理。

(二)硕士研究生培养

图书情报与档案管理一级学科
硕士学位研究生培养方案

1. 培养目标

培养具有坚实的图书情报与档案管理理论基础,系统掌握各种信息处理方法和技术,具有从事科学研究和学术交流的基本能力,能够在图书馆、档案馆、信息中心、政府部门及其他企事业单位从事信息资源管理与深层次信息服务,具有较强的创新意识、管理能力的德、智、体全面发展的高级人才。

2. 修业年限

基本学制为3年。研究生在规定学制时间内不能完成学业的,可以申请延长修学年限。硕士研究生延期期限最长2年。经批准休学的研究生,复学后相应延长修学年限;经批准公派出国、出境联合培养或执行合作科研任务的研究生,在外学习时间计入修学年限。

3. 研究方向

(1)图书馆学:文献信息资源开发与利用、信息资源数字化、信息组织、信息咨询。

(2)情报学:信息检索与电子出版物、信息服务与政策、网络信息资源管理、信息分析与数据挖掘。

(3)档案学:档案学理论与信息化管理、档案信息资源开发与利用。

4. 学位论文

在导师的指导下,学生须有计划地学习、阅读文献和进行必要的调查研究,做出文献综述和选题论证报告,经导师同意,确定论文题目,在第三学期末进行学位论文开题报告。开题由学院统一组织,专业导师组共同指导。开题报告一般应包括如下几个部分:论文名称、选题意义、本选题的国内外研究现状、创新之处、研究的难点和重点、论文大纲和主要参考文献等。中期考核是检查研究生个人综合能力及学位论文进展状况、指导研究生把握学位论文方向、提高学位论文质量的必要环节。中期考核在入学后的第4学期末进行。在学院统一组织下，由专业导师组负责对学位论文工作进展速度和质量进行中期考核。研究生完成学位论文初稿，经导师审阅认可后，由研究生本人向学院提出预审和预答辩申请。硕士学位论文预答辩须在正式答辩前1个月进行。学位论文预答辩后，须按照预答辩委员会的意见和建议进行修改，修改后经导师同意及校内外专家评阅通过方可参加正式答辩。正式答辩程序及要求按学校相关规定执行。硕士学位论文对所研究的课题应有新见解，学位论文原则上不少于3万字。

5. 培养方式与方法

在培养过程中充分发挥导师指导研究生的主导作用，同时发挥研究生的主动性和自觉性。采取系统理论学习和科学研究相结合、讲授与讨论相结合、课内教学与课外实践相结合等多种培养方式。加强研究生的自学能力、动手能力、表达能力和写作能力的训练和培养，同时施行严格的筛选制度，确保培养质量。重视实践环节教学，积极开展学术活动。实践环节包括进行教学实践（给本科生讲课、习题课辅导、指导毕业论文）等。学术活动内容包括承接校内外科研项目，参加学术会议、学术讲座、讨论班，进行学术调研、学术咨询和服务，完成学术报告等。

6. 课程设置

（1）公共课：英语（硕士）、新时代中国特色社会主义理论与实践、马克思主义与社会科学方法论。

（2）专业必修课。

图书馆学方向必修课：文献学研究、数字图书馆研究、图书馆学研究方法、信息组织研究、国外图书馆学研究。

情报学方向必修课：信息资源管理理论与方法、知识管理、信息管理国际学术前沿、网络信息资源构建、数据挖掘技术。

档案学方向必修课：档案学理论与方法、国家档案事业管理与档案法规、档案利用需求与服务研究、档案学跨学科研究导论、档案学研究进展。

（3）专业选修课：专业英语、中外信息咨询研究、信息数字化理论与技术、文献整理的思想与方法、社会信息资源优化配置研究、信息服务研究、数字资源管理研究、数据库与信息可视化、信息政策研究，情报分析的数量与方法、用户、需求分析与系统设计，信息质量管理、学术交流理论与方法、系统方法概论、信息组织与获取研究、档案馆管理、现代档案管理的原理与技术、档案职业状况及发展、档案新媒体应用服务研究、档案学国际学术前沿、公文管理。

(4)其他:研究生论文写作指导、开题报告(硕士)、中期考核(硕士)、预答辩(硕士)、硕士论文。

7. 攻读学位学分要求

每位硕士生应修课程学分和论文研究学分≥50 学分，其中课程学分≥32 学分，论文研究学分 18 学分。

课程学分包括公共必修课 4 学分，专业必修课 10 学分，实践环节 1 学分，学术活动 1 学分，选修课≥16 学分(专业选修课≥15 学分，公共选修课 1 学分)。

论文研究包括开题报告 2 学分，中期考核 2 学分，预答辩 2 学分，学位论文 12 学分。

同等学力或跨专业者补修对应本科专业主干课程 2 门。

硕士生个人培养计划由导师根据专业要求和研究生的实际情况确定。导师应为每位研究生指定 7～8 门专业学位课程，由公共必修课、专业必修课组成。学位课程一经确定不得修改。学位课程成绩≥75 分获得相应学分，其他课程成绩≥60 分获得相应学分。

(三)博士研究生培养

图书情报与档案管理一级博士授权学科培养方案

本学科于 2006 年获批一级学术学位硕士授权点，现有图书馆学、情报学、档案学 3 个学科方向；于 2021 年获批一级学术学位博士授权点，现有情报学、图书馆学、信息资源管理 3 个学科方向。本学科先后获批了 30 余项国家级基金项目，发表了 800 余篇 CSSCI 来源期刊论文，研究成果在国内具有较大影响力。本学科以服务国家战略和社会需求为目标，以文献、信息、数据为研究对象，以郑州市数据科学研究中心、河南省文化和旅游公共服务创新研究基地为依托，汇聚多项国家级研究项目、智库项目的研究积累，在数字信息保存、隐私保护、健康信息、信息政策、信息计量与科教评价、用户行为、文献保护、公共文化服务、档案法规建设等研究领域形成研究优势与特色。

1. 培养目标

培养具有坚实的图书情报与档案管理理论基础，系统、深入地掌握本学科的专门知识，充分把握本学科领域发展的最新动态，具有独立、创造性地从事科学研究工作的能力和跨学科研究的素养，具有一定的国际视野并能较为熟练地进行国际学术交流的研究型高级人才。

2. 基本学制

博士研究生学制为 4 年。硕博连读研究生博士阶段的学习年限为 4 年。研究生在规定学制时间内不能完成学业的，可以申请延长修学年限。博士研究生延期期限最长 3 年。经批准休学的研究生，复学后相应延长修学年限；经批准公派出国、出境联合培养或执行合作科研任务的研究生，在外学习时间计入修学年限。

3. 研究方向

图书馆学理论与方法、文献学、数字资源管理、数据分析与知识发现、信息用户与服务政策、档案学理论与应用。

4. 课程设置

（1）公共必修课：中国马克思主义与当代、英语（博士）、马克思主义经典著作选读（必修）。

（2）专业基础课：研究方法与创新思维、学术前沿、学科经典文献研读。

（3）专业选修课：信息与知识组织、数据分析技术与方法、信息政策、数据治理理论与实践、文献学专题、公共文化服务与管理专题、档案事业发展研究、数据隐私保护、信息行为研究、科学计量学、书文化史。

（4）其他课程：学术活动（博士）、国际学术交流（博士）、实践环节（博士）、研究生论文写作指导（必修）。

研究生必须根据培养计划通过课程考试或考查。学位课程考试成绩大于或等于75分（百分制）方可取得学分，其他课程大于或等于60分可取得学分。重修必须随下一级的教学计划进行，另行组织的考试成绩无效，如确因实际教学情况变更导致下一级没有开设相应课程的情况除外。

5. 攻读学位的学分要求

博士研究生各学科门类课程总学分不低于16，不高于22，其中公共必修课4学分，学术活动和实践环节共4学分。

博士研究生论文学分共计25学分，其中开题报告、中期考核、预答辩各3学分，学位论文16学分。

6. 学位论文

（1）开题。开题是研究生培养过程中开展学位论文工作的首要环节。开题报告应论述学位论文选题依据、研究方案、预期目标与成果、工作计划等关键问题。公开招考博士研究生在入学后第3学期、硕博连读研究生在转博后的第2学期完成开题。博士生开题由各学科方向组织，由3～5名本学科或相近学科教授参加，以学术报告方式进行。两次学位论文开题未通过的，按退学处理。

（2）中期考核。中期考核是检查研究生个人综合能力及学位论文进展状况、指导研究生把握学位论文方向、提高学位论文质量的必要环节。中期考核在入学后第6学期进行，由学院按照相关考核办法组织考核。中期考核不合格，或自入学起直博生5学年内、其他博士生4学年内未通过中期考核的，按退学处理。

（3）预答辩。研究生完成学位论文初稿，经导师审阅认可后，由研究生本人向所在学科或学院提出预审和预答辩申请。博士学位论文预答辩在正式答辩前3个月进行。两次未通过预答辩的，按退学处理。

博士生课题研究时间不少于2年，论文字数不少于5万字，博士学位论文应当表明作者具有独立从事科学研究工作的能力，并在科学或专门技术上取得创造性的成果。

博士研究生是其学位论文质量的直接责任人，应在导师的指导下，总结研究生期间取得的学术成果，认真撰写完成高质量的学位论文。导师是博士生培养的第一责任人，应与导师组的其他导师一起，按照《郑州大学博士硕士学位论文质量全过程管理办法》中的要求对博士生学位论文质量进行把关，给出是否同意开题、预答辩、盲审、答辩等意见。

研究生修满培养计划内所有学分，并通过论文答辩，则准予毕业；经培养单位学位评定分委员会审核，报校学位评定委员会讨论通过后授予学位。学位授予按照《郑州大学学位授予基本标准》执行。学位论文同行评议和答辩环节出现问题的，按照《郑州大学研究生培养过程分流实施办法》进行处理。

7.培养方式与方法

博士研究生的培养实行导师组指导下的导师负责制。导师依据本培养方案的要求和学生的个人特点，结合本领域学科发展需要和创新任务、结合本专业研究方向，在学生入学后三个月内拟订博士研究生的培养计划。在培养过程中采取系统理论学习和科学研究相结合、讲授与讨论相结合、课内教学与课外实践相结合等多种培养方式。加强博士研究生的自学能力、创新能力、表达能力和写作能力的提升，同时施行严格的筛选制度，确保培养质量。博士研究生导师应将学生的政治思想、道德品质、为科学而献身的敬业精神、相互协作的团队精神、良好的科学道德和科研业务素质的培养和教育工作贯穿于整个培养过程中。

第四部分　师生风采录

一　创办人崔慕岳先生纪实

（一）从图书馆员到大学校长

——记崔慕岳先生的学术历程

无论哪一个领域，它的业绩和光彩都离不开一代代实干家的智慧和汗水。在改革开放以来的中原大地上，从图书馆界到高等教育界，一行闪亮的足迹印证了我省著名图书馆学家、高教管理和素质教育专家崔慕岳先生的杰出贡献。

崔慕岳先生，1943 年 12 月 1 日出生于北京。1967 年 7 月自武汉大学图书馆学专业毕业后即来到河南工作，先后任河南省图书馆副馆长、郑州大学图书馆学系（现信息管理系）主任、郑州大学副校长、郑州升达经贸管理学院院长。慕岳先生长期从事图书馆学教学与研究、大学生素质教育与高等教育研究，先后出版著作 4 部，发表学术论文 30 余篇，主持和参与国家级、省部级社科规划项目多项，获河南省社科奖等多种奖励。1996 年、2000 年分别获河南省优秀教学成果一等奖和特等奖。慕岳先生还兼任全国高等学校教学研究会理事、教育部高等学校图书情报工作指导委员会副主任、中国图书馆学会理事、河南省素质教育研究会会长、河南省高校设置评议委员会副主任、河南省高等学校图书情报工作委员会主任、河南省图书馆学会副理事长。

“图书馆专业人才培养是战略问题”

慕岳先生虽然是图书馆学专业“科班”出身，但是初到河南时的工作却与图书馆无关。几经辗转，1972 年组织上才根据他的专业特长安排他到河南省图书馆工作。改革开放的春风促进了图书馆事业的繁荣，也带来了对图书馆专业人才的迫切需求。慕岳先生在《对我省图书馆学教育的回顾与思考》一文中回忆道:“1979 年底,在河南省图书馆学会成立大会暨第一次科学讨论会上,专业人才的培养、干部队伍的建设即成为与会代表议论的热点问题之一。大家积极呼吁,应建立我省的图书馆学教育基地,应该用战略眼光来看待这一问题。”

慕岳先生始终认为“图书馆专业人才培养是战略问题”,他不仅认真深入地思考河南省图书馆学教育的发展,而且以满腔的热情投入实践,并将图书馆学教育作为此后的主业。慕岳先生的图书馆学教育经历大体有三个阶段。

第一阶段(1978—1981 年):创建图书馆学函授工作站

“文革”十年,河南省图书馆事业和整个国家的图书馆事业一样,遭受了空前浩劫,大批藏书被禁锢,一些图书馆或被关闭,或被解散,正常业务完全处于停顿状态,成为新中国成立以来河南省图书馆事业发展的最困难时期。粉碎“四人帮”之后,特别是党的十一届三中全会以来,党和国家更加关注图书馆事业的发展,河南省图书馆事业也经过改正得以逐步恢复和发展,但此时最大的困难是图书馆专业人才的匮乏。这一时期,各类型图书馆的基础工作恢复,一大批年轻人开始从事图书馆工作,不少图书馆面临许多业务和管理问题。面对这一状况,以普及图书馆学专业知识和技能为主的普教活动在慕岳先生的奔走之下拉开帷幕。

1980 年,慕岳先生积极联系自己的母校武汉大学,并多次奔赴武汉大学洽谈合作事宜,率先在河南省图书馆创立了武汉大学图书馆学专业函授工作站,首届就录取了 40 名学员。图书馆学专业函授班学制三年,定期集中面授、函授辅导和自学相结合,课程内容丰富,实践性强。彭斐章、黄宗忠、陈光祚等名家亲临函授工作站授课,慕岳先生也亲自讲授相关课程。此开创之举对河南省图书情报事业的人才队伍建设具有深远的意义和作用,在这里毕业的许多学生日后都成长为图书馆界的业务骨干,如河南工业大学图书馆原馆长张和芬、河南省图书馆原副馆长冯南星、郑州航空工业管理学院副院长王霞、郑州大学图书馆副馆长林友民等。

第二阶段(1982—1984年):开启图书馆学学历教育之门

1983年,慕岳先生任河南省图书馆副馆长,在他的努力和带领下,经过河南省教育厅批准以及受河南省文化厅委托,河南省图书馆与文化干校联合创办了河南省首届全日制的图书馆学中专班和大专班,这是新中国成立以来河南省第一个全日制的图书馆学专业教育基地,使更多的人有机会成为更高层面的图书馆学专门人才。

面对办学的种种困难,慕岳先生首先组建了高水平的专职教师队伍,并亲自授课,还特邀武汉大学、北京大学等名校的图书情报学专家前来举办讲座;其次积极创造条件,配备了从实习用书到微型计算机等教学设备。由于教学效果良好,在图书馆界产生了广泛影响,多次受到上级主管部门的表彰。这一阶段,慕岳先生还积极参与组织了图书馆界的各种岗位培训班,如馆长提高班、部主任研讨班、著录标准化培训班、文献检索培训班、图书馆改革研讨班等,促进了河南省现代化图书馆事业稳步起航。

第三阶段(1985年后):推动图书馆学学科建设深入发展

1985年,慕岳先生由河南省图书馆调入郑州大学,主持筹建郑州大学图书馆学系。根据河南省教育厅教厅(1985)107号文件,1985年5月22日,郑州大学建立图书馆学系,学制为专科,并于当年开始招生;1994年更名为信息管理系,并升为本科;1999年开始招硕士研究生。郑州大学图书馆学系的建立,填补了我省图书馆学专业设置的空白,日后成为河南省图书、情报、档案、信息管理专业人才培养的重要基地。

同年,河南广播电视大学图书馆学专业也开始招生,全省建立教学班近30个,录取学生2000多人,其办学规模之大,招收人数之多,都是前所未有的。慕岳先生多方运作,不仅亲自授课,还积极联系,邀请张琪玉、陈光祚、吴慰慈等图书情报专家进行授课。电大图书馆专业的崛起,为河南省图书馆事业培养了大批人才,锻炼了一批教师队伍。

在郑州大学图书馆学系建立之初,慕岳先生还不辞辛苦,主动联系,引进武汉大学、北京大学、北京师范大学、东北师范大学等重点高校图书馆学专业的优秀毕业生,请他们前来任教。慕岳先生和系里的老师们根据社会需要,针对行业特点,开设了多门专业必修课、选修课和公共课,并注重教学实践环节，培养学生的动手能力。同时积极开展科学研究，系里教师先后编写了《文献分类学》《目录学概论》《报刊工作》《图书馆管理学》等多种教材和教学参考资料，积极发表了大量学术论文，承担了多项国家级和省部级项目。

经过慕岳先生和图书馆学者多年的共同努力，河南省图书馆学专业教育和学科建设已取得丰硕的成果：

其一，河南省形成了完善的图书馆学教育体系。郑州大学信息管理系作为河南省图书馆学教育的代表，已拥有图书馆学、信息管理与信息系统、档案学 3 个统招本科专业，1 个“图书馆、情报与档案管理”一级学科硕士点，图书馆学、情报学和档案学 3 个二级学科硕士点。

其二，河南省图书馆专业干部队伍结构形成。通过各种办学形式，为各级各类图书馆培养了一批又一批业务骨干，提高了图书馆从业者的整体素质。

其三，建立了河南省图书情报专业教学队伍。如郑州大学信息管理系拥有硕士生导师 15 人，专任教师 30 人，教师队伍中具有博士学位的 9 人（含博士后 2 人）、硕士学位的 10 人，教育部图书馆学、档案学专业教学指导委员会委员各 1 人，河南省优秀中青年骨干教师 3 人，省高校新世纪优秀人才 1 人，郑州大学优秀中青年骨干教师 2 人，已成为一支教学经验丰富，科研实力强，学科、学缘结构合理的教师队伍。

慕岳先生除了在实践中推动图书馆学教育，还将这些实践升华为理论以便更好地指导实践。他专门撰文《试论加强图书馆学教育的内在建设》，阐述了如何加强图书馆学教育的内在建设，并对其效果进行了分析评价。他认为在寻求适度改革的同时，加强图书馆学教育的内在建设，巩固并提高既有成果，乃是我国图书馆学教育求得生存与发展的稳妥而有效的途径。他以郑州大学信息管理系为例，分析了加强图书馆学教育的内在建设要从适应社会需要的课程设置、加强高质量教材建设、建设教学相长的高水平师资队伍、重视实践教学环节、专门化人才的培养等方面入手。随着内在建设的加强，可以取得图书馆学教育走向规范化、多样化、培养合格人才的良好效果，从而形成图书馆学教育的良性循环。这些真知灼见，成为推进河南省图书馆学教育事业的主导思想。

正是：

新程翘盼栋梁材，园丁拓荒好情怀。
根深枝茂喜晨早，春华秋实向未来。

“图书馆人要顽强地表现自己”

在全国图书馆界流传着慕岳先生的一句名言：“图书馆人要顽强地表现自己。”从1994年任郑州大学副校长，到2006年任郑州升达经贸管理学院院长，在此期间，慕岳先生虽然从事高校教育管理工作，但仍然心系图书馆事业，坚持图书馆学教育和研究，指导图书馆学研究生。自1999年担任第一届教育部高等学校图书情报工作指导委员会副主任到如今，已有13个年头。同时，他还担任着中国图书馆学会理事，兼任着河南省高等学校图书情报工作委员会主任、河南省图书馆学会副理事长，起到了引领河南省图书馆事业发展的作用。

在繁忙的高校教育管理工作之余，慕岳先生作为河南图书馆学教育的开拓者，作为郑州大学信息管理系的创始人，他一直致力于图书馆学基础理论的研究，出版了著作《河南图书情报事业跨世纪战略研究》《河南省数字化图书情报系统研究》等；受国家教委高教司委托参加了由北京大学、武汉大学等6所高校组成的课题组，编写出版《图书馆学基础》教学大纲；主持和参加多项科研项目；论文曾被人大复印报刊资料和国外刊物（俄文）转载；学术成果多次获奖。如论文《基于知识管理的图书馆管理体制研究》探讨了传统信息管理模式存在的诸多不足，引用管理学科中“知识管理”的理念来进行创新和变革，此文被《全国图书馆学情报学精选文摘》收录。论文《图书馆学研究新的发展机遇期的若干特点》总结了新世纪图书馆学研究的新特点，指明了未来研究的方向。

慕岳先生作为河南省高校图书情报工作委员会主任，积极为河南省高校的图书情报事业发展集思路，谋出路。面对传统图书馆服务模式在人们心目中形成的根深蒂固的偏见，针对高校图书馆在高校中处于边缘化、不受重视的普遍现象，他以积极的态度，正视现实，大力倡导和呼吁“图书馆人要顽强地表现自己”，要“有为才能有位”，鼓励河南高校图书馆人要转变观念、振作精神，不抛弃、不放弃，积极应用现代化信息技术，改革传统服务模式，提高服务能力，充分发挥服务职能和教育职能，支撑学校教学科研工作水平提升，融入校园文化建设，彰显高校图书馆的作用和地位，改变人们心目中的偏见，赢得支持和重视。为此，在他的倡导和直接领导下，河南省高校图工委始终以“两个校园建设”为抓手和工作的主线，开展了卓有实效的工作，形成了具有我省特色的高校图工委工作品牌，在国内图书馆界产生了极具影响的“河南效应”，树立了良好的“河南高校图书馆形象”。

“两个校园建设”之一是“数字校园”建设，其重要组成部分是“河南省高等教育文献保障体系（简称 HALIS）”建设。为了适应信息环境的变化，促进高校图书馆现代化技术应用水平，提升文献信息资源保障与服务能力，在慕岳先生的主持下，河南省高校图工委积极主动争取河南省教育厅在政策和经费上的支持，自 1997 年至 2000 年，省教育厅先后下发了《关于在全省普通高校开展图书馆现代化技术应用专项评估》等一系列文件，通过“以评促建、以评促改”，使河南高校图书馆现代化技术应用“从无到有、从弱到强”，有力推动了河南省高校图书馆现代化信息技术应用的进程。

在全省高校图书馆基本完成自动化建设的基础上，他又适时提出建设“河南省高等教育文献保障体系（HALIS）”的设想，委派省高校图工委广泛调研论证，形成建设方案呈报省教育厅。2001 年 8 月和 10 月省教育厅先后下发了《关于印发河南省高等教育文献保障体系建设方案的通知》（豫教高〔2001〕162 号）和《关于开展河南省高等教育文献保障体系建设的通知》（豫教高〔2001〕500 号），成立了 HALIS 建设领导小组、专家咨询委员会、管理委员会、管理中心和 5 个省级学科文献中心等组织领导及管理运作机构，将 HALIS 建设纳入河南省教育信息化建设的重要内容，作为河南省高等教育公共服务体系的重要组成部分正式启动建设，由此成为国内较早建设省级高等教育文献保障体系的省份之一。

在慕岳先生的关心与指导下，HALIS 建设取得了显著的成绩，创建了“因地制宜、效益优先，投资少、见效快”的“河南高校模式”，得到了由教育部领导的中国高等教育文献保障系统（简称 CALIS）管理中心的关注与肯定。

在2004年11月，由教育部主办，CALIS管理中心承办的“中国高等教育数字化图书馆（CADLIS）项目建设启动大会”上，我省HALIS管理中心受CALIS管理中心邀请作为中西部欠发达省份建设省级高等教育文献保障体系的先进典型在大会上发言，得到与会代表的极大关注与好评。同时被CALIS管理中心确定为首批建设的六个省级文献信息服务中心之一，与CALIS管理中心签订了承建协议，将HALIS建设纳入CALIS三级文献保障服务体系建设项目，标志着我省HALIS建设跨入全国省级高等教育文献保障体系建设先进行列。

目前HALIS已建成网络公共服务平台和共享资源数据存储局域网，存储容量已达35TB，为全省高校图书馆提供共享资源数据长期保存、镜像数据库检索与网络信息服务奠定了坚实的基础。建成了由40台计算机构成的多媒体培训教室，为开展各类培训活动创造了条件。组织了18个中外文数据库的集团或联合采购，其中有4个数据库供全省高校免费使用，极大地丰富了全省高校图书馆的电子资源馆藏。通过与CALIS三级文献保障服务体系的互链互接，开通CALIS和CASHL文献传递服务，实现全国范围的资源共建、共知、共享，有效提升了我省高等教育教学、科研和学科建设的文献信息资源整体保障与服务能力，为促进我省教育信息化建设进程，为中原经济区建设做出积极贡献。

“两个校园建设”之二是“书香校园”建设，主要是持续开展“阅读文化经典，建设书香校园”活动。慕岳先生作为大学生文化素质教育和图书馆学两栖专家，谙熟图书馆保存、传承优秀文化的职能和教育职能，他主张将大学生文化素质教育和高校图书馆的教育职能有机地结合起来，充分发挥高校图书馆在校园文化建设和传承优秀文化中的作用，高屋建瓴地在国内高校图书馆界率先倡导和积极推广“阅读文化经典，建设书香校园”活动。为此，河南省高校图工委于2003年11月发文号召全省高校图书馆开展“阅读文化经典，建设书香校园”活动，得到全省高校图书馆的积极响应和支持。各高校图书馆结合本校的实际，开展了丰富多彩的大学生“读书节”或“读书月”活动，组织了诸如书刊展览、书刊评论、优秀图书推介、数据库利用培训、读书征文比赛、读书报告会、读者座谈会、读书知识竞赛、读书演讲比赛、读书方法辅导、名著名篇朗诵、评选读书标兵、图书漂流等活动，深受广大师生的欢迎。

为了将“阅读文化经典，建设书香校园”活动打造成一个品牌，持续深入地开展，在慕岳先生的倡议和具体指导下，河南省高校图工委及时对各高校图书馆活动开展情况进行总结，组织全省各高校开展“感受经典——大学生读书征文比赛”，结集出版了《感受经典——大学生读书征文获奖作品选》。当时的河南省教育厅厅长蒋笃运，河南省文联副主席、河南省作家协会副主席、著名文学评论家孙荪，河南省作协副主席、河南省诗歌学会会长、著名诗人王怀让，中国阅读学研究会常务副会长、北京大学教授王余光为文集热情作序。2005 年 4 月 2 日，在河南农业大学隆重举行了“阅读文化经典，建设书香校园”活动总结表彰会，教育部高校图书情报工作委员会、中国图书馆学会、河南省教育厅的领导和专家，以及新闻出版界代表共 1000 余人出席了会议。此次会议的召开引起社会各界，尤其是中国图书馆学会的高度关注。在中国图书馆学会“2005 年峰会”上，我省高校图工委被中国图书馆学会授予 2004 年度“全民阅读活动先进单位”荣誉称号，并在会上重点介绍了“阅读文化经典，建设书香校园”活动开展的情况与经验，得到与会代表的充分肯定和赞扬。

伴随着我省高校图工委持续深入开展“阅读文化经典，建设书香校园”活动的知名度和影响力的日益提高，继省高校图工委之后，我省先后又有 9 所高校 10 次荣获中国图书馆学会颁发的“全民阅读活动先进单位”荣誉称号，郑州大学图书馆还被中国图书馆学会授予“全民阅读示范基地”荣誉称号。2009 年 9 月，在中国图书馆学会新一届阅读推广委员会成立大会上，我省高校图工委副主任崔波被聘为委员及大学生阅读推广专业委员会主任，标志着我省高校图工委将在中国图书馆学会阅读推广领域承担更多的责任和义务。

“两个校园建设”取得的显著成效，无不凝聚着慕岳先生浓浓的图书馆情结和热爱关心我省图书馆事业发展付出的心血，标志着他积极倡导的“图书馆人要顽强地表现自己”“有为才能有位”和“文化育人”理念的实践与成果，有效改善和重塑了高校图书馆在师生心目中的形象，彰显了高校图书馆在"大学生文化素质教育"和"校园文化建设"中文化地标的地位与作用,获得各高校领导的重视与支持。

正是:

情系书苑夙愿深,望重杏坛广知音。
催领群贤齐发奋,数字书香同芳馨。

"大学生素质是关系国家前途和命运的大事"

慕岳先生在郑州大学任职期间,除了抓教学管理和改革外,还担任河南省素质教育研究会会长,在素质教育方面也做出了突出贡献。他认为:"加强和改进大学生的思想道德教育,促进大学生思想道德素质、科学文化素质的协调发展,已然成为关系到21世纪国家前途和命运的大事,是社会主义精神文明的一项战略任务。"

郑州大学作为地方综合性高校,从1995年就正式启动了文化素质教育工作。1999年,郑州大学成为教育部批准的首批32个全国高校大学生文化素质教育基地之一。慕岳先生利用自己的社会影响,积极创新,使文化素质教育基地发挥了辐射和示范作用。采取的做法主要是"五结合",即第一课堂与第二课堂相结合、主修与辅修相结合、校内与校外相结合、提高学生文化素质和提高教师文化素养与学校的文化品位相结合、人文教育与科技教育相结合。在工作实践中,慕岳先生主要抓了两个方面的工作:

一方面,以中原文化为切入点,突出中原文化特色,开展中国历史和传统文化教育。

一是结合修订教学计划,构建文化素质教育课程模块,开设"中原文化系列课程"等100多门素质教育选修课,每门课2个学分。同时,通过第二课堂,举办"中原文化系列讲座",如邀请美国马里兰大学高级研究员、美国前驻尼泊尔大使张芝香女士讲"中美关系"、清华大学教授姜启源讲"数学建模与数学建模竞赛"、北京大学李伯谦教授讲"夏商周断代工程"、少林寺释永信大师讲"少林寺的沿革与嵩岳文化"、梁晓声讲"我最中意的雪天"、司马南讲"弘扬科学精神,提高科学素养——从神功到邪教"等。在课堂讲授的基础上,慕岳先生组织编写讲义、出版专著,如《中州文化名人传略》《河洛文化》《黄河与科技文明》等。

二是建设校内外文化素质教育基地。校外基地共分两批进行，首批有河南博物院、嵩阳书院等。馆藏13万件文物的河南博物院属国家级，其建筑风格和丰富的文物精品令国内外人士叹为观止。郑州西部，嵩山脚下，作为北宋四大书院之一的嵩阳书院是古代著名学府，朱熹、“二程”、范仲淹均曾在此设坛讲学。校院双方签署基地建设协议，开展合作交流活动，如组织新生参观，开展入学教育，作为郑州大学历史、考古专业和人文班的实习基地，从郑州大学选派中英文义务讲解员，组织爱国主义教育演讲团。郑州大学为嵩阳书院投资十万元，建立了研究室。第二批校外基地包括河南省图书馆、郑州市科技馆、黄河大观、郑州商城遗址等。由于市民文物保护意识差，遗址破坏较严重，郑州大学学生通过考察，向郑州市政府提交了商城遗址保护方案，并成立了郑州大学“保护商城遗址小分队”，利用节假日向市民宣传文物保护知识和法律，维护遗址环境卫生等。校内基地有二：其一，郑州大学的会展中心——逸夫楼，这里长期举办“中原文物”“书画精品展”“河南美术摄影展”“集邮展览”等。其二，校园内学生最爱去的图书馆，馆内建立了“文化素质教育阅览室”“视听阅览室”，配备文史哲、艺术、科普读物及电子出版物。

三是组织学生社团，开展有地方特色的校园文化活动。成立豫剧剧社，弘扬地方戏曲，有的学生成为河南电视台名牌栏目《梨园春》的擂主。举办“中原诗会”“中原风采摄影习作展”。开展集邮活动，如借中国古代思想家邮票发行之机，分别在老子故里鹿邑县和庄子故里民权县举行首发式，并配合举办老庄哲学讲座。2002年率先在郑州大学开设“集邮文化”选修课（2学分），在全省高校和全国集邮界产生很大影响。至今，慕岳先生还兼任河南省集邮协会副会长、河南省高校集邮联合会会长。2012年，正值中华集邮联合会成立30周年，慕岳先生被评为全国集邮先进个人。

四是积极参加河南省委宣传部发起的“热爱河南、增辉中原”大型系列活动，组织师生参与中原文化的研究与传播，把文化素质教育与社会活动结合起来，得到政府部门和社会的广泛支持。同时，也组织专门班子，围绕“中原文化与素质教育”开展立项研究。在全面推进文化素质教育，让学生广泛吸收中外文化营养的同时，突出地方特色，突出中原文化，使学生认识河南、了解河南，领会中华文明的博大精深，激发学生“爱家乡、爱河南、爱祖国”的热情，增强民族的自豪感和责任心。

另一方面，利用地域和学科综合优势，发挥基地的辐射作用，为全省高校开展文化素质教育提供示范和经验。

当时，在河南省百余所普通高校中，文化素质教育基地仅郑州大学一家，郑州大学又地处省会郑州，是铁路交通枢纽、全省公路网络中心，交通十分便利，同时又是河南规模最大的一所多学科综合性大学，其辐射、示范、带动方面的作用发挥得非常充分。

一是郑州大学主动为省教育主管部门提供咨询和决策参考，倡导并推动全省高校的文化素质教育。省教育厅转发郑州大学开展素质教育的经验与体会，并在省里召开的多次教学工作会议上，安排郑州大学介绍经验。

二是由郑州大学牵头，发起成立了郑州市西南片8所高校文化素质教育协作组，8所高校签署共建共享协议制订计划，定期召开会议，商讨工作，集中开展素质教育活动，互派专家，互通有无，实现文化素质教育的资源共享。

三是郑州大学举办的名人名家系列讲座、大型音乐会和大型展览活动等，邀请兄弟院校师生参加，并留出最好的场地和座位。例如，杨叔子院士两赴河南，第一次在郑州大学作报告，郑州有10多所高校的500多名学生来听讲，第二次请杨院士在郑州逗留3天，不仅在郑州大学，而且通过郑州大学联系，又去河南大学、郑州航空工业管理学院、郑州轻工业学院（今郑州轻工业大学）等5所高校演讲，使10多所高校两万多名学生受益。杨院士在郑州大学的演讲，由中央教育电视台全程录像，并向全国播放。播放时，郑州大学又组织学生收看。对余秋雨先生等名家学术报告，也都如法炮制，尽量让更多学子共享精神文化的大餐。

四是发挥辐射作用，扩大影响。校文化素质教育指导委员会决定，凡高水平的讲座、音乐欣赏会等，均由电教中心全程录像，将录像带或刻录的光盘提供给兄弟院校。郑州大学编制的推荐书目、导读材料、系列讲座的报告提纲等，也向兄弟院校赠送。

五是组织兄弟院校的同仁一起联合申报项目，集体攻关，开展文化素质教育理论与实践研究。还通过新闻媒体，反映高校文化素质教育的工作动态，发表研究成果。河南是一个经济欠发达的农业大省，高校超过60%的生源来自农村，学生很刻苦，高考分数也很高，但他们在小学、中学的成长过程中，缺少文化环境、文化氛围的熏陶，在大学急需补上文化素质教育课。所以，郑州大学素质教育指导委员会决定，要高度重视基地的辐射作用，努力扩大受益面。当然，发挥辐射作用，是需要投入人力、时间、经费的。由于兄弟院校之间不是隶属关系，只能通过协商、协调、协作，故有大量的联络工作要做，慕岳先生在这方面做了大量艰辛的工作。在经费上，教育部规定基地年度费用为15万元，郑州大学财务预算上也是15万元，但实际上是与教学经费打通，根据文化素质教育的实际需要，实报实销。在协作活动中，郑州大学在经费上多负担一点，能让更多学生受益，这种投入也是值得的。与此同时，也尽量拓宽资金来源渠道。

除了在校内亲自举办文化素质讲座外，作为知名素质教育专家，慕岳先生还积极服务于社会，多次为河南大学、中原工学院、郑州航空工业管理学院等30多所高校师生举办学术报告，同时也为青少年儿童作专题讲座，引起了极其良好的社会反响。

在“提高综合素质，阅读文化经典”报告中，慕岳先生多围绕“什么是素质和素质教育”“怎样提高综合素质”，以及“为什么要阅读传统文化经典”等三个问题进行了演讲和分析，解释了素质的含义和构成，并对思想品德素质、文化素质、专业素质、身心素质及其关系进行了深入阐述，强调了将文化素质教育作为大学生素质教育切入点的重要性。他给莘莘学子提出希望：一是博览群书，勤于思考。要求同学们先做“书呆子”，再做聪明人，杜绝小聪明，争取大智慧。二是积极实践，勇于创新。行动就是实践，没有实践就没有一切。三是理想远大，知行统一。树立理想是青年成才的重要先决条件，还勉励同学们珍惜来之不易的大学生活，树立远大理想，热爱祖国，努力学习，勤于思考，做一个品行高尚的人。慕岳先生的报告每次都认真准备，内容丰富，深入浅出，见解深刻，其诙谐机智的演讲不断博得在场听众的阵阵掌声。

对于少年儿童的素质教育和阅读经典方面，慕岳先生非常重视，他认为

“经典阅读影响孩子的一生，一本好书，如同一盏灯，旁边的黑暗就会消失；无数好书，如同月亮，整个黑夜都能被驱散”。2012 年“国际儿童早期阅读与成长论坛”在郑州举行，慕岳先生作为河南省素质教育研究会会长、著名素质教育专家接受多家媒体记者专访。他认为，获得知识的有效途径之一，就是阅读。阅读可以给你新的世界，有着非同一般的生命力和感染力。在阅读的世界中，我们的情感、情操、意志、品德，都可以得到锤炼与培养。在河南省素质教育研究会 2012 年年会上，慕岳先生作了题为“增强文化自觉，推进素质教育”的主旨报告，从文化与教育、文化自觉与素质教育自觉、当前大学文化面临的挑战与素质教育的开展等三个方面展开论述，产生了广泛的影响。

正是：

书香凝郁天地间，素质锤炼关百年。
校园纵横看今古，博大精深中原篇。

“每一位高校老师都应具备‘五心’”

在为高校教师作的《素质教育与教师素质》专题报告中，慕岳先生从什么是素质和素质教育、加强学生的人文教育、大学教师如何培养素质三个方面进行了深入探讨。他认为，要从本质上贯彻落实素质教育首先要搞清什么是素质，什么是素质教育。素质是可以培养的，可教育的，可提高的。现代教育体制与我们实施的素质教育相结合是我国高校人才培养的方向，即培养一专多能的复合型人才，其核心是人的全面发展。他告诫每一位高校老师都应具备“五心”，即对学术的敬畏之心，对学生的挚爱之心，对工作的创新之心，对社会的感恩之心，对民族文化的传承之心，并勉励大家要勤于学习，善于创造，甘于奉献。

慕岳先生辛勤执教杏坛，迎来了桃李芬芳。从河南省图书馆到郑州大学，究竟有多少人聆听过他的教诲，恐怕一时难以统计。但是，在河南省的任何图书馆，无论是在公共图书馆还是在高校图书馆，都可以找到慕岳先生的弟子。这些弟子谈到老师的为人时，无不称赞。慕岳先生具有良好的职业道德、崇高的敬业精神、严谨的学术作风和较高的学术水平，为学生们树立了良好的榜样。慕岳先生在繁重的行政事务之余，坚持传道、授业、解惑，把对知识的执着追求融入对学生的培养中，为他们搭建成才的平台。他坚持亲自指导研究生，注重在课题中引导学生广采博纳，形成自己的思路，即使在工作最繁忙的时候也保证有定期的学术讨论，以了解科研进度，把握科研方向。慕岳先生知识渊博，待人和蔼可亲，工作勤勤恳恳，育人孜孜不倦。

师德是教师的职业道德，慕岳先生将其归为16个字"爱岗敬业，热爱学生，治学严谨，为人师表"，让学生感受最深刻的就是"师爱"。慕岳先生认为师爱就是师魂，他带研究生非常注重感情投入，加强师生之间的沟通，"亲其师，信其道"，感情上的沟通是实现师生之间学术思想沟通与碰撞的"纽带"。他对学生要求严格，课堂教学内容丰富，理论联系实际紧密。听慕岳先生的课你会感觉时间过得特别快，他讲课声音洪亮，充满磁性，讲课条理清晰，逻辑严谨，丝丝入扣，还会穿插丰富的实例，给人留下深刻印象。慕岳先生恪守教师职责，切实担负起为人师表、教书育人的重要责任，既当严师，又做慈父，其目的都是培养品学兼优的学生，把学生培养成才。慕岳先生不但充分挖掘硕士研究生的智力因素，还注意对硕士研究生非智力因素的发展与促进，如理想、信念、动力、目标和责任等。他积极为研究生创造良好的学习、科研环境；把科学的目标、理想与培养学生结合起来；言传身教，传授给硕士研究生创造性的知识和活学活用的知识；重视学术诚信，严格把关硕士生论文；恪守学术规范，劝诫硕士研究生对学术时刻要有敬畏之心。慕岳先生渊博的知识、严谨的治学态度、敏锐的思维和勇于创新的精神不但鼓舞和激励着学生们，同时更让学生从其言传身教中学到很多书本之外的知识，成为人生的一笔珍贵的财富。学生们从慕岳先生身上不但学到了科学知识，更学到了学术问题和人生问题的思考方法，所有这些让每一位学生都受益匪浅。

慕岳先生严于律己，宽以待人，淡泊名利，学德相辉，德高望重，名满中原。对中青年教师，他总是尽力指导、提携、鼓励和帮助，许多教师现在已经成为国内著名的学者。对待已经毕业的学生，他仍然关注他们的成长，对需要帮助的，每次他都无私地伸出援手。许多学生在谈到自己得到老师帮助的经历时，都为之动容。慕岳先生高尚的人格赢得了社会的广泛尊敬。

正是：

严于律己标师风，宽以待人爱无形。

学德相辉四十载，桃李满园仍春浓。

（本文原载于《河南图书馆学刊》2012 年 10 月。作者：涂功伟）

（二）笃行不息　领航图苑

——高校图书馆事业突出贡献者崔慕岳先生访谈

无论时代与境遇如何，总要有人提灯前行。崔慕岳先生从峥嵘岁月时图书馆事业的百废待兴，到如今图情事业的繁荣昌盛，已经走过整整 50 年。他从普通的图书馆馆员干起，参与河南省图书馆的恢复建设工作，遍历 3 个部门成长为河南省图书馆副馆长；他致力于图书馆学教育体系变革与完善，以确保图书馆事业薪火相传，从函授班和大专班开启图书馆学学历教育之门，到筹建郑州大学图书馆学系推动图书馆学学科建设深入发展，河南省逐渐建立完善的图书馆学教育体系、形成专业的教学队伍、培养多批业务骨干；他担任大学副校长后，继续分管图书馆工作，兼任教育部高等学校图书情报工作指导委员会副主任、河南省高等学校图书情报工作委员会主任，高瞻远瞩地推行数字校园、书香校园、大学生素质教育等工程，擘画高校图书馆事业发展的科学蓝图，引领河南省高校图书馆事业不断创新与变革。

从业半个世纪，崔慕岳先生从未脱离过一线业务，在行业留下了深深的印迹。他是河南省图书馆事业发展的重要参与者、图书馆学教育的开拓者、图书馆界笃行不息的领航人，是当之无愧的高校图书馆事业突出贡献者。为了恭贺崔慕岳先生荣获高校图书馆事业突出贡献者称号，也为了祝贺崔慕岳先生从业五十周年，郑州大学信息管理学院王春迎博士对崔慕岳先生进行了访谈。以下是王春迎博士对崔慕岳先生访谈内容的辑录。

王春迎　尊敬的崔校长，感谢您抽空接受我的访谈。祝贺您获得全国高校图书馆事业突出贡献者称号，也恭喜您从事图书馆事业五十周年。从一名图书馆员到创办郑大信管学院，再到郑州大学校长，这半个世纪整整 50 年，您的人生经历、工作经历都和图书馆、图工委结下了不解之缘，为行业发展做出了突出贡献，能不能请您讲述一下您是如何踏入图书馆行业的？

崔慕岳 我1963年进入武汉大学图书馆学专业学习，在武汉大学接受了系统的图书馆学教育。这五年的学习给我埋下了一个种子：我这一辈子热爱这个专业。由于我专业学习认真，课堂笔记做得翔实、整洁，并且普通话较好，系主任黄宗忠老师对我十分认可，在我毕业之际希望我能留校任教。因为出生在北京，所以除了留校任教，我当时也考虑去北京发展。但是很不幸毕业时赶上“文化大革命”，原有的分配方案全部打碎。作为北方人，组织上分配我去河南接受工农兵再教育。直到1971年，邓小平同志出来主持工作[①]，落实知识分子政策，我才有机会再次分配工作。机缘巧合，当时河南省图书馆需要人才，省人事厅的同志发现我是图书馆学专业的学生，就把我分配到了河南省图书馆。这是我图书馆事业的起点，我在省图一直工作了13年。1980年，我在河南省引进了武汉大学的图书馆学专业函授站，请到了彭斐章、谢灼华、陈光祚等图书馆学大专家任教。为了进一步推动河南省图书馆学教育，1983年我们和省文化厅下属的文化干校联合开办了河南省首届全日制图书馆学中专班和大专班，这是新中国成立以来河南省首个图书馆学教育基地，1985年又推动创办了郑州大学图书馆学系。后来我担任了郑州大学的副校长，也分管图书馆，同时兼任教育部图工委副主任、河南省图工委主任等工作。从1972年2月到2022年2月，整整50年，我从未离开过图书馆行业，我始终热爱自己的行业，这也成了我这一生奋斗的事业。

王春迎 听崔校长讲述了您和图书馆行业的不解之缘我深受感动，也很激动。我注意到您是主动在河南引进了图书馆学教育函授站，此举可以说是开创河南省图书馆学专业人才培养之先河，具有深远意义和作用。请问您是怎么想到要在河南开设函授站，推动图书馆学教育工作的呢？

崔慕岳 这是时代发展的需要，受“文革”的影响，整个图书馆行业包括河南省图书馆的发展都停顿了，图书资料被大量封存。我进入图书馆工作后发现当时的同事年纪偏大，许多老专家即将退休，但是我们的图书馆事业

---

① 此处为崔慕岳口误。1971年，周恩来在毛泽东支持下主持中央日常工作，加快了落实干部政策、知识分子政策的进程。

需要后继有人。尤其是在党的十一届三中全会召开以后，我觉得图书馆事业要和全国其他百废待兴的事业一样重新振作起来。一个行业想要发展，人才是关键，就和现在创办“双一流”大学一样，没有一流的人才是不行的。当时全国只有武大和北大两个学校有图书馆学系，每年只招三四十个人。我觉得这根本无法满足行业发展的需要，所以就主导在河南省内发展自己的图书馆学专业教育。通过引进武汉大学函授站，先培育一批省图书馆、各个市县图书馆，以及高校图书馆的在职人员。函授教育的效果是明显的，意义是深远的，有才、敬业、负责的武汉大学老师们帮助河南省培养了一大批各级各类图书馆的馆长或者是业务骨干。

王春迎　您曾长期担任教育部高等学校图书情报工作指导委员会副主任，参与、亲历、见证了高校图工委成立、成长、发展的整个 40 年，能不能请您为我们讲述一下高校图工委这 40 年经历了怎样的发展历程？

崔慕岳　1981 年，为了解决高校图书馆“一盘散沙”的局面，统一指导和管理全国高校图书馆，全国高等学校图书馆工作委员会正式成立，这是高校图工委的前身。高校图工委在 1987 年和 1999 年经历了两次更名，其职能也与时俱进地发生了变化。1987 年，国家教委印发《关于成立全国高等学校图书情报工作委员会的通知》，委员会名称增加了“情报”二字，强调高校图书馆要发挥情报职能。1999 年，教育部高等学校图书情报工作指导委员会成立大会暨第一次工作会议在郑州大学召开。时任高教司司长钟秉林教授，以及分管高校图书馆事业的副司长刘凤泰教授都参加了成立大会，并在会上宣读《教育部关于成立教育部高等学校图书情报工作指导委员会的通知》。高校图工委的新名称中增加的“教育部”和“指导”两个词，一方面意味着高校图工委成为与各学科教学指导委员会平行的组织，从过去的群众社团组织性质转变为教育部的派出机构，级别得到相当的提升；另一方面意味着新一届高校图工委归属教育部高教司直接领导，高校图工委的规格和受重视程度得到进一步提高。1999 年至今，高校图工委始终着力从推进高校图书馆修订条例规程、制定发展规划、培训专业人才、推进职称制度、提升信息素质、建设基础设施、创新服务活动、出版精品书刊等方面推进图书馆事业的发展，取得了辉煌的成绩。

王春迎 近年来，河南高校图工委在全国高校图工委的指导下，推动河南高校图书情报事业不断发展，在全国产生了重要影响。您作为河南图工委主任，河南省图书馆事业发展的重要参与者，能否请您分享一下河南高校图工委经历的至关重要的变化和改进？

崔慕岳 河南省高校图工委与全国高校图工委同一年成立，属于全国最早的一批。河南高校图工委能够顺利成立，最需要感谢的是，时任郑州大学图书馆馆长孙云畴先生和河南大学图书馆馆长吴勋泽先生。两位先生是河南省高校图工委的开创者和先行者，他们都是真正热爱图书馆事业的学者，我们至今都非常缅怀他们。同时也要感谢让河南高校图工委得以薪火相传、绵延发展的历届领导和同仁们。我觉得河南高校图工委的最大特点就是特别具有凝聚力，每年的馆长会议、工作会议，图书馆人都到得非常整齐，全国高校图工委、河南省教育厅的工作指示和精神传达起来顺畅无阻，馆际交流频繁密切。正是一代又一代图书馆人对图书馆事业的热爱和凝聚才促成了河南省图工委40年的大发展。回顾这40年的发展，1999年是河南省高校图工委发展的关键节点。这一年全国高校图工委大会在郑州大学举办，引导河南高校图工委进入新的发展阶段，各项工作全面提升快速发展，为后期的稳步发展奠定扎实基础。

王春迎 能否请您具体讲解一下，1999年之后我们河南高校图工委的工作是进入一个怎样快速发展阶段的？

崔慕岳 第一，1999年的全国高校图工委大会在郑州大学举办之后，河南省教育厅对河南高校图工委、对高校图书馆工作较前更加重视，明确教育厅高等教育处必须有一位副处长分管、专管相关工作。由此，河南省图工委转变为教育厅的派出机构，不再是社团性质的组织。同时，教育厅不再具体管理高校图书馆的建设，仅提供配套的支持。相应的，河南高校图工委的职权范围扩大，为图书馆的具体建设与发展给予更多专业性指导。

第二，1999年以后河南高校图工委的组织建设更加健全，譬如修订章程、规范制度，组建专业委员会、委任秘书长等。资源建设委员会、阅读推广委员会、队伍干部建设委员会极大地丰富了图工委委员会类型，崔波同志担任秘书长有力地强化了秘书处的职能，提高了图工委的运作效率。到

1999 年,河南省高校图书馆界共有五位同仁成为全国高校图工委的委员,包括我、李景文、崔波、张怀涛、魏秀娟,这在全国各省都是比较多的。

第三,为了配合 CALSI(中国高等教育文献保障体系)的建设,1999 年河南高校图工委开始推动 HALIS(河南省高等教育文献保障体系)工程。HALIS 建设得到了省教育厅的大力支持,于 2001 年 8 月和 10 月先后下发两个有关 HALIS 建设的"通知",并成立了领导小组、管理委员会、专家咨询委员会、管理中心及分中心等机构。自 2001 年以来,河南省教育厅为 HALIS 建设共投资 400 万元,管理中心及分中心所在高校图书馆配套了建设资金 600 余万元,其他高校图书馆在信息资源建设中也给予了有力支持,使得 HALIS 建设成效显著,如集团采购数据库,建立河南省联合书目数据库,开发特色数据库,承担 CALIS 专题数据库,学科导航库建设等。

第四,"书香校园"建设。河南高校图工委的"书香校园"建设是值得骄傲的,因为我们是在全国较早开始推进这项工作的。为了将"阅读文化经典,建设书香校园"活动打造成一个"品牌",我们主要从以下三个方面做了努力:一是 2003 年,在前期"读书月""读书节"等丰富多彩的阅读推广活动的基础上,组织撰写经典阅读读书心得,并将其结集成册、正式出版。这本书当时深受教育厅重视,由时任教育厅厅长蒋笃运专门题写序言。此外,河南省文联副主席孙荪、北京大学教授王余光热情作序,河南省著名诗人王怀让专门作了诗序。二是为了进一步推广全民阅读,河南高校图工委又创新性地结合艺术形式进行宣传。2005 年,河南高校图工委专门组织河南省高校文艺晚会,参演人员全部是高校图书馆的馆员。当时教育部高教司分管图书馆的处长李晓明,中国图书馆学会秘书长汤更生,以及北京高校图工委的领导、馆长都远道而来参加活动,并给予了充分的肯定。三是自提出建设"书香校园"至今,河南高校图工委始终稳步推进各项阅读推广集体活动,包括在省内围绕阅读推广开展研讨会、论坛、推介等活动,并积极主办、承办和参加国内的学术交流活动。经过河南高校图工委以及河南省图书馆界所有同仁的协同配合,我们在阅读推广方面获得了诸多荣誉。如 2012 年,郑州大学图书馆被中国图书馆学会评选并授予"2011 年度全民阅读示范基地",信阳师范学院图书馆被中国图书馆学会评选并授予"2011 年度全民阅读先进集体”荣誉称号;2013年,“阅读文化经典,建设书香校园——郑州大学创新开展特色阅读推广活动”在第七届高校校园文化建设优秀成果评选活动中获评特等奖。这些都在激励着我们不懈努力,将河南省的书香校园建设推进至更光辉的彼岸。

第五,在CALIS建设实践的基础上,在书香校园全民阅读实践的基础上,进行理性概括,并进一步提出来河南图工委的工作目标:开展“两个校园”建设,一个是“数字校园”,一个是“书香校园”。随着“两个校园”的不断建设,这逐渐成为河南高校图工委的品牌,并在全国进行经验介绍。“两个校园”建设到今天也仍然不过时,“数字校园”建设可以转化到智慧图书馆建设、智慧校园建设,“书香校园”建设和现在国家倡导的全民阅读、图书馆界提出的阅读推广都是一脉相承、可以结合和延续的。

第六,推动“五个一”项目。既然提出了“两个校园”建设,那要怎么具体落实呢?河南省高校图工委明确提出来每年开展“五个一”项目来落实两个校园的建设,把“五个一”项目作为一种工作形式、一种工作载体、一个工作平台,包括每年召开一次全省高校图书馆工作会议,每年开展一次学术研究、探讨活动,每年组织一次业务培训班,每年组织一次科研成果评奖和项目立项,每年围绕党的中心工作组织大型阅读推广活动。

第七,河南高校图工委多年来一直坚持和河南省图书馆学会、河南省科技情报学会、郑州大学信息管理学院建立专业共同体。河南省图书馆学会涵盖了全省各类型图书馆,河南省情报协会是情报所系统,郑州大学信息管理学院是河南最一流的人才培养基地,建立专业共同体有助于交叉融合、协同发展,从而促进全省图书情报事业的繁荣发展。河南省公共图书馆、高校图书馆、情报所还有郑大信息管理学院,这种整个河南图书情报界的相互支撑、团结协作,已经在全国传为美谈。

王春迎 听了崔校长的讲述,能够感受到我们河南高校图工委做了大量的工作,取得了骄人的成绩,我还有两个问题想进一步请教您。首先是第一个,正如您所说,目前“两个校园”建设已经成为河南省高校图工委的特色品牌,在国内图书馆界产生了有一定影响的“河南效应”,您当初是怎么样确定了这两项工作作为重点发展项目并探索出这条卓有成效的发展之路呢?

崔慕岳 “两个校园”建设是河南高校图工委抓住了时代发展的机遇而做出来的创造性活动。首先讲“数字校园”建设。20世纪末是中国高等教育跨越式发展阶段，全国开始高校合并、院系调整、新校区建设，与此同时我国也进入信息化迅速发展时期。我们意识到信息化是高校发展的新机遇，一定要抓住这个机遇实现大踏步发展。所以就开始开展数字化图书馆建设，推动HALIS建设，这是数字校园的重要组成部分。教育厅对此十分重视，发布了专门的红头文件给予政策上的指导和经费上的支持。各个大学也拨出专款，作为配套经费。在多方协同合作下，河南高校图书馆从原来的传统的图书馆或者半自动化的图书馆一步步转化成了数字图书馆。河南省HALIS建设是受到了教育部高教司和全国高校图工委的肯定和表扬的。表扬的原因是什么呢？就是河南省作为一个人口大省，一个教育大省，却是一个经济相对落后的省，能够对HALIS投入的钱是有限的，跟北京、天津，跟江苏、上海的高校无法相比。但是我们投入少效益高，在图工委认真调查、积极规划、稳步推动下，一样实现了数字资源的共享。

第二个讲“书香校园”建设。“书香校园”首先是把握住了这个90年代末20世纪初，中国出现的文化热，特别是优秀传统文化的复兴热。河南是一个文化大省，河南的中原文化是中华文化的重要源头和核心组成部分，中原文化在一定程度上能代表中国传统文化。所以我们觉得既然是河南的高校，既然是河南的高校图工委，既然全国有这样一种文化的复兴，我们也应该顺势而为。优秀历史文化的传承靠什么？除了历史遗迹、非遗之外，真正能够传承我们先人的智慧和经验的，就是依靠大量的文献和阅读。正如季羡林先生所说，图书馆是人类文化能够代代传承下来的重要因素，我们对图书馆必须给予最高的赞扬。第二个机遇是当时教育部特别倡导全国大学生的文化素质教育。郑州大学入选全国第一批32个大学生文化素质教育基地，我很荣幸地代表郑大参加教育部的全国大学生文化素质教育指导委员会，积极学习了其他高校加强大学生文化素养的先进经验。第一是组织了名人名家讲坛，力邀许多文化名家，比如余秋雨、梁晓声等来讲课。第二是进行课程改革，开设100多门选修课，要求文科学生必须选6门理工类和艺术类的课，理工科和医学的学生必须选6门人文艺术类课程，而且与学分挂钩。其间，也开设了多门经典阅读选修课。第三是要求图书馆设立阅读推广部，和采编部、流通部一样开展专门工作。我当时既是高校的领导，也是图工委的主任，与图工委的同仁们一起，逐步地推广了书香校园建设。

王春迎 您从业近50年来，一直是图书馆界笃行不怠的领航人。从省图书馆员到创办郑大信管系再到大学校长，可以说是全国图书馆人的标杆了。您为什么能一直坚持在图书馆行业砥砺前行呢？您对新一代图书馆人有什么希望和要求吗？

崔慕岳 我为什么能够坚持做图书馆事业，我觉得是因为热爱，所以坚持，所以才做到了50年锲而不舍，这就应了那一句：热爱能抵岁月漫长。我亲历了河南图书馆事业的成长壮大，我感受了这个舞台，享受了整个过程，所以对这项工作可以做到无怨无悔，引以为豪！人的一生中能找到一件全情投入的事业，并且能一直做下去，这就是幸福的人生。我也希望新一代的图书馆人能够发现我们这个行业的乐趣，热爱自己的事业，找到自己的理想追求，并持续坚持，努力耕耘，终有回报。

王春迎 今天非常荣幸能够对您进行这个专访，我了解了教育部图工委和河南省图工委四十年发展的辉煌足迹，感知了图书馆事业在一代代人接续奋斗中不断发展的进程，感谢所有图工委前辈们的不懈奋斗和无私奉献。同时，我感受到您对图书馆事业满满的热爱，也钦佩您勇于抓住时代机遇的睿智，敢于承担时代责任的担当，感谢您对高校图书馆事业做出的贡献，也感谢您为我们树立了这么好的榜样。祝您万事如意，平安健康！

（本文原载于《河南图书馆学刊》2022年11月。作者：王平、王春迎、苗含雨、王弋戈）

（三）崔慕岳老师是学生们的引路人

2022年秋，对于郑州高校实属不易。国庆节后，郑州疫情异常严峻，我身处疫情管控的校园，吃住在办公室，处理繁重的教务工作，不敢有丝毫懈怠。11月4日下午，接到刘巧英电话，谈及敬爱的崔慕岳老师快过八十大寿了，顿感岁月之匆匆。

首先，我在此恭祝敬爱的恩师：福如东海，寿比南山！

回顾与先生30年来的相处岁月，我问我自己："先生对我和其他学生的影响是什么？"这不禁让我想起中共中央总书记、国家主席、中央军委主席习近平于2016年9月9日上午到其母校北京市八一学校与师生座谈时，习近平总书记认为："广大教师要做学生锤炼品格的引路人，做学生学习知识的引路人，做学生创新思维的引路人，做学生奉献祖国的引路人。"一个人遇到好老师是人生的幸运，我切身感受到我和其他学生是幸运的人，遇到了我们人生的引路人——崔慕岳老师。

学生锤炼品格的引路人

崔老师有坚定的理想信念。他年轻的时候吃过很多苦，但他对生活和工作始终永远充满激情，给了我莫大的鼓舞。我最喜欢听他吟诵中国现代诗人、作家、学者、书法家流沙河先生的诗作《理想》，其中"理想是石，敲出星星之火；理想是火，点燃熄灭的灯；理想是灯，照亮夜行的路；理想是路，引你走到黎明"。充满激情的诗句，已经融入了我的血液里。当我工作、学习感到迷茫、疲惫、无助时，耳畔仿佛响起先生吟诵流沙河的《理想》的声音，会鼓励我重燃希望之火，勇往直前，奔向黎明。

崔老师的人格充满魅力。他严于律己，坚韧谦和，乐于助人，淡泊名利，学德相辉，德高望重，名满中原。作为郑州大学图书馆学系（现为信息管理学院）的创办人，对中青年教师均尽力指导、提携、鼓励和帮助，许多教师现在已经成为国内著名的学者。对待包括我们这些已经毕业的学生，他仍然关注我们的成长，对需要帮助的学生，他每次都无私地施以援手，其高尚的人格赢得了社会的广泛尊敬。

崔老师是一个有担当的人。他从一个图书馆员成长为一名大学校长，兼任全国高等学校教学研究会理事、教育部高等学校图书情报工作委员会副主任、中国图书馆学会理事、科普与阅读指导委员会专家组成员，河南省素质教育研究会会长、河南省第二届高校设置评议委员会委员、河南省高等学校图书情报工作委员会主任、河南省图书馆学会副理事长、郑州大学文献信息资源研究中心主任，这些非常人所能及，在其背后，他付出很多，完美阐释了郑州大学校训"求是担当"的内涵。此外，他多年悉心照料患病的师母顾老师,为学生们做出了表率,是我们学习的典范。

学生学习知识的引路人

崔老师传知识之道。他是一位好老师,用自己丰富的知识来滋润学生、启发学生,点燃学生学习知识的火花,引导学生自己发现知识、探索知识,授予学生学习的方法,让学生从“学会知识”变为“会学知识”,让学生养成终身求知的良好习惯。

崔老师授业解惑。我的每一步成长都离不开崔老师的指导,记得1990年,崔老师教我们《图书馆学概论》;2003年攻读硕士研究生时,先生给我们讲授《图书馆学研究方法论》,让我们受益匪浅。随后,在我去武汉大学攻读博士(后)时,他时常鼓励我探索新知,勇攀高峰。有时很想再次聆听先生的教诲,记得在2019年4月16日下午,我去河南中医药大学图书馆,在隆重的“共读经典书 同筑中国梦”读书活动开幕式上,再次聆听了崔老师题为“文化育人与经典阅读”的精彩学术讲座,他强调学生要“博览群书,勤于思考。先做书呆子,再做聪明人,避免小聪明,争取大智慧”。这使我再次受到洗礼,当时现场气氛热烈,掌声雷动,如在昨日。

崔老师学术造诣深厚。作为河南图书馆学教育的开拓者,作为郑州大学信息管理学院的创始人,他长期从事图书馆学教学与研究、大学生素质教育与高等教育研究,出版了著作《河南图书情报事业跨世纪战略研究》《河南省数字化图书情报系统研究》等;受国家教委高教司委托参加了由北大、武大等6所高校组成的课题组,编写出版《图书馆学基础》教学大纲;主持和参与国家级、省部级社科规划项目多项;论文曾被人大复印报刊资料和国外刊物(俄文)转载;1996年、2000年分别获河南省优秀教学成果一等奖和特等奖。他的学术研究又反哺教学,让更多的学生终身受益。

学生创新思维的引路人

在全国图书馆界一直流传着崔老师的一句名言:“图书馆人要顽强地表现自己”,鼓励“积极实践,勇于创新”。崔老师把握图书馆学教育的发展方向,以先进的图书馆学理念为指导,坚持与时俱进,以学生为中心,立足本专业，开拓创新，善于实践检验、知识拓展、方法创新，将这些实践升华为理论，以便更好地指导实践。

崔老师主张守正创新。他以积极的态度，正视现实，大力倡导和呼吁“图书馆人要顽强地表现自己”，要“有为才能有位”，鼓励河南高校图书馆人要转变观念、振作精神，不抛弃、不放弃，积极应用现代化信息技术，改革传统服务模式，提高服务能力，充分发挥服务职能和教育职能，支撑学校教学科研工作水平提升，融入校园文化建设，彰显高校图书馆的作用和地位，改变人们心目中的偏见，赢得支持和重视。为此，在他的倡导和直接领导下，河南省高校图工委始终以“数字校园建设”“书香校园”为抓手和工作的主线，开展了卓有实效的工作，形成了具有河南省特色的高校图工委工作品牌，在国内图书馆界产生了极具影响的“河南效应”，树立了良好的“河南高校图书馆形象”。

崔老师主张图书馆服务创新，图书情报也要适度校企合作，协同育人。崔老师于 2019 年 6 月 14 日在参观河南财经政法大学图书馆时，对该校图书馆作为学校资源中心、科研中心、学习中心、服务中心、文化中心的功能定位表示高度赞赏。2020 年 8 月 7 日，他在参加郑州大学信息管理学院与河南新永源电子科技有限公司联合共建实践教育基地正式揭牌仪式上，对双方将搭建合作共赢平台，在在校学生实习、优秀学生就业、共同课题研究等方面开展深入合作表示祝贺，认为面对当前疫情的持续影响，以李白诗句“长风破浪会有时，直挂云帆济沧海”寄语合作，对以此推动学院教学改革，提高学生专业素养，促进学生就业发展等方面充满期望。

学生奉献祖国的引路人

崔老师的授课和讲座内容厚植爱国主义情怀，做学生奉献祖国的引路人，担任河南省素质教育研究会会长，在素质教育方面也做出了突出贡献。他认为：“加强和改进大学生的思想道德教育，促进大学生思想道德素质、科学文化素质的协调发展，已然成为关系到国家前途和命运的大事，是社会主义精神文明的一项战略任务。”

崔老师引导学生传承优秀文化。他在郑州大学主管教学时，以中原文化为切入点，突出中原文化特色，开展中国历史和传统文化教育，修订教学计划，构建文化素质教育课程模块，开设“中原文化系列课程”等100多门素质教育选修课，每门课2个学分。同时，通过第二课堂，举办“中原文化系列讲座”，如邀请美国马里兰大学高级研究员、美国前驻尼泊尔大使张芝香女士讲“中美关系”、清华大学教授姜启源讲“数学建模与数学建模竞赛”、北京大学李伯谦教授讲“夏商周断代工程”、少林寺方丈讲“少林寺的沿革与嵩岳文化”、梁晓声讲“我最中意的雪天”、司马南讲“弘扬科学精神，提高科学素养——从神功到邪教”等。在课堂讲授的基础上，他组织编写讲义、出版专著，如《中州文化名人传略》《河洛文化》《黄河与科技文明》等。

崔老师引导学生增强文化自信。他认为文化育人与经典阅读对大学生的成长至关重要。他多次强调中原文化是中国传统文化的重要组成部分，经常引用我国著名社会学家费孝通先生总结出的“各美其美，美人之美，美美与共，天下大同”这十六字箴言来阐述“文化传承与创新”中的鉴别与选择的原则，针对当前我国青少年阅读存在的“阅读量小、功利性追求、通俗化的倾向、网络浅阅读”等特点，倡导当代大学生要扩大自己的阅读量，把阅读作为自己生活的一种习惯，通过系统的阅读专业经典书籍和文化经典书籍，提升自己的专业和文化素养，争做担当民族复兴重任的时代新人。

崔老师是我们人生的引路人，在新时代，他也是当之无愧的“四有”好老师，即“有理想信念，有道德情操，有扎实知识，有仁爱之心”。崔老师是我们学习的典范，高山仰止。现在我也是一名大学老师，也要争做学生的引路人，感到责任重大。但学生愚钝，时感惶恐。征途漫漫，唯有奋斗，期望崔老师在以后的岁月里仍持续对学生耳提面授。

最后，再次祝福恩师：生日快乐，身心安康，幸福美满！

孙文杰

2022年11月6日下午于龙子湖校区

【作者简介】孙文杰，博士（后），教授，河南财政金融学院教务处长。

二　校友撷英

柯平　男，1986—2001 年在郑州大学任教，教授，担任图书馆学系主任、图书馆馆长兼信息管理系主任。现南开大学商学院信息资源管理系教授、博士生导师，教育部长江学者特聘教授。曾任南开大学信息资源管理系主任，南开大学图书情报专业学位中心主任，国务院学位委员会第六、七届图书情报与档案管理学科评议组成员，国际图联统计与评价组常设委员会委员（Member of Standing Committee, Statistics and Evaluation Section, IFLA）。现兼任国务院学位委员会、教育部、人力资源和社会保障部“全国图书情报专业学位研究生教育指导委员会”委员，教育部档案学教学指导委员会副主任，全国图书馆标准化技术委员会（SAC/TC389）副主任，中国图书馆学会学术委员会副主任。在教学方面，被评为南开大学教学名师、天津市教学名师。长期从事目录学、知识管理研究，创建数字目录学和公共知识管理，《中国大百科全书》（第三版）目录学分支主编，出版《书目情报系统理论研究》《知识学研究》等著作。作为公共文化服务国家重大项目首席专家，出版《文化行业标准化研究》《我国基本公共文化服务标准化与均等化研究》等，发起公共文化志愿者行动，指导各地公共文化服务实践。在图书馆学领域，引领图书馆战略研究，《图书馆战略规划研究》入选国家哲学社会科学成果文库；作为立法起草修订组成员推动《中华人民共和国公共图书馆法》出台，主持制定文化和旅游部全国县级以上公共图书馆评估定级标准，指导图书馆事业发展。2004 年个人事迹载入马奎斯《世界名人录》（第 21 版）（*Marquis Who's Whoin the World* 2004）。

孔德超　男，汉族，1968 年出生，中共党员。1988 年郑州大学图书馆系图书馆学专业毕业，2007 年河南省委党校行政管理专业毕业，研究生学历。2012 年 11 月取得图书资料系列研究馆员任职资格。2014 年 2 月至今任河南省图书馆馆长，河南省图书馆学会理事长。

1988 年参加工作至今一直从事图书资料专业相关工作。多年来，在做好行政及业务管理的同时，注重业务学习和学术研究，并能将理论研究与实际工作相结合。组织管理河南省图书馆全局性业务工作。主持制定、完善了图书馆各类岗位职责及各项业务工作细则。参与河南省图书资料系列职称评审条件的修订工作。

积极开展科研工作。在图书馆管理服务和信息传播研究方面有较高的学术造诣。发表论文 21 篇，出版著作 6 部，其中，专业著作 4 部。参与国家自然科学基金资助项目课题 1 项；主持和参与省级项目 4 项，其中河南省科技厅软科学计划项目通过省级鉴定，达到国内领先水平。获省科技厅颁发的科技情报成果奖 3 项，省教育厅颁发的科技成果奖 1 项，省社科联和省文化厅颁发的优秀调研成果 4 项。

2015 年 1 月被河南省文化厅评为“河南省公共文化服务先进个人”，2016 年 10 月被文化部授予“文化部优秀专家”称号。

索传军 男,1987 年 6 月毕业于原郑州工学院水利工程建筑专业,获工学学士学位。1992 年 6 月毕业于武汉大学图书情报学院科技情报专业,获理学硕士学位。2003 年 6 月毕业于武汉大学信息管理学院,获管理学博士学位。2003 年任原信息管理系副主任,2004 年 1 月—2007 年 6 月任系主任。2007 年 6 月调国家图书馆任研究院院长、首席专家和全国图书馆标准化技术委员会秘书长等职务。现在中国人民大学信息资源管理学院工作,教授(二级)、博士生导师、中国人民大学(首批)杰出学者、特聘教授,"新世纪百千万国家工程"国家级人选、享受国务院政府特殊津贴。

在国家图书馆工作期间(2007 年 6 月—2011 年 9 月):①创建国家图书馆研究院,任首任院长;②创建国家图书馆博士后科研工作站;③成立全国图书馆标准化技术委员会,任首任秘书长;④成立国家图书馆访问学者办公室,开启对外学术交流活动。

在中国人民大学工作期间:①创建"学术评价论坛";②成立中国科技情报学会"学科交叉与交叉学科识别与评价"专委会,任主任委员。

主持完成国家社科基金项目 3 项;国家自科基金项目 2 项;省部级项目多项。出版学术著作 7 部(独著或主编),发表核心期刊论文 100 余篇。代表性学术专著:《学术评价论》。

陈忠海 1961 年生,男,汉族,河南信阳人,博士,二级教授,郑州大学特聘教授,公共管理一级学科博士生导师,郑州大学档案学硕士学科带头人。1984 年于郑州大学历史系历史专业毕业,先后任职于郑州大学历史系、文博学院、信息管理系、信息管理学院,分别担任历史系教师、文博学院副院长、信息管理系副主任、信息管理系党总支书记、信息管理学院院长,2019 年担任信息管理学院组织员,2022 年退休。兼任教育部高等学校档案学专业教学指导委员会委员，中国档案学会理事、中国档案学会基础理论委员会委员，河南省档案学会副理事长，国家社科基金项目通讯评审专家。主要研究方向：档案学理论与方法，档案法律法规与档案法治。主持国家社科基金项目3项，其中一般项目2项、重点项目1项。发表论文130余篇，其中被中国人民大学复印报刊资料《档案学》转载16篇。出版专著3部，获河南省社会科学优秀成果奖一等奖1项、三等奖2项。2014年被河南省档案局评为首批“河南省档案专业‘十百千’档案领军人才”。2018年被国家档案局聘为首批“全国档案专家”，2022年被国家档案局评为“国家级档案专家”。2019年被河南省委宣传部、河南省社会科学界联合会评为首批“河南社科名家”。

焦世君　男，2001年6月至2005年3月任信息管理系党总支书记。现任政治与公共管理学院党委书记。

袁凤兰　女，1986年毕业于郑州大学政治系政治学专业，曾担任辅导员、纪检员、机关纪委书记，2004年7月至2015年1月在信息管理学院任党总支副书记、书记，之后到教育学院任党委书记，2022年2月至今任郑州大学药学院党委书记。

武跃民　男，1957年生，河南省嵩县人，中共党员，副教授。1978年考入郑州大学数学专业学习；1982年7月毕业即留校工作，先后任教务处科员、副科长、科长、副处长；1995年12月—1996年12月，任信息管理系党总支书记，1997年1月—1999年12月，任系统科学与数学系党总支书记；2000年1月—2015年5月，历任成人教育学院（继续教育学院）党总支书记、院长；2017年9月退休。研究方向为高等教育教学管理，发表学术论文10余篇。

作为主要完成者之一，获 1993 年国家级优秀教学成果奖一等奖。2012 年被中国成人教育协会评为全国高等学校继续教育先进院长。

臧国全　男，1985 年毕业于北京大学图书馆学专业，获文学学士学位。1988 年毕业于武汉大学原图书情报学院科技情报专业，获理学硕士学位。2003 年毕业于武汉大学信息管理学院，获管理学博士学位。2004—2019 年任信息管理学院副院长，2019—2023 年任信息管理学院院长。郑州大学学科特聘教授、博士生导师，河南省高层次人才（B 类）、二级教授，河南省高校科技创新人才（人文社科类），河南省中青年骨干教师。兼中国图书馆学会理事、中图学会高校图书馆分会副主任、中图学会图书馆学教育委员会委员、河南省图书馆学会副理事长、河南省科技情报学会副理事长。

一直从事数字保存和数据隐私的理论研究和教学工作，主持国家社科基金项目 2 项（其中重大项目 1 项、一般项目 1 项）、国家自科基金面上项目 3 项，获得河南省社会科学优秀成果奖一等奖和二等奖各 1 项，出版学术专著4部,发表核心期刊论文100余篇。代表性成果有《政府数据的隐私风险计量与保护机制创新研究》(国家社科基金重大项目,2021)、《数字保存的风险型元数据与风险监控研究》(国家自科基金面上项目研究成果,武汉大学出版社,2019,获省社科优秀成果一等奖)、《数字保存经济要素与经济评价研究》(国家自科基金面上项目研究成果,武汉大学出版社,2015,获省社科优秀成果二等奖)、《数字迁移风险管理》(《中国图书馆学报》,2006)、《数字保存的风险检测》(《大学图书馆学报》,2017)等。

孙新成　男,河南鲁山人。1986年郑州大学历史系毕业。2015—2023年任信息管理学院党委书记、教授。国家二级心理咨询师、二级社会体育指导员。杨式太极拳、马派八卦掌第七代传承人。国家生态原产地温县陈家沟太极拳产品保护评定专家。

曾任郑州大学党委统战部主任科员、商学院团委书记,公共管理学院党总支副书记,教育学院党委副书记,教育系党总支书记。在信息管理学院任职期间,团结带领班子成员,砥砺奋进,获批图书情报与档案管理(现更名为信息资源管理)学科一级学科博士学位授权点。在郑州大学实现了图书情报与档案管理学科博士、硕士授权点的全覆盖,学院的三个专业中有两个国家级一流本科专业、一个省级一流本科专业,学院历年获得的社科基金项目等在全校名列前茅。

主持有国家精品在线课程、国家级一流本科课程《中原文化(武术篇)》、河南省一流本科课程《定格身边的美——数码摄影攻略》。两门课程都被收入学习强国、中国大学慕课、智慧树在线教育等平台。《中原文化(武术篇)》被全国246所高校作为学分课程。《定格身边的美——数码摄影攻略》被全国234所高校作为学分课程。选课大学生10余万人。在学习强国平台学习者近百万人(次)。

2014—2017年受邀在河南卫视武术世界频道《名派真功》栏目讲授12

集教学片《24 式太极拳》。曾远赴德国推广传统武术文化，传授内家功夫。并应邀给泰国博仁大学、南开大学汉语桥开展中华武术讲座。为留学生开设太极拳文化课程，并多次接待国外及我国港澳台地区青年访学团，讲解传统武术文化。

主编教材《中原武术文化教程》(人民体育出版社)，《数码摄影技巧与赏析》(上海交通大学出版社)，《大学生求职与职场教育读本》等。完成河南省社科规划课题《王宗岳〈太极拳论〉解读》等。发表《论武术档案的历史文化价值传承》《大学生思想政治教育特色品牌的培训与创新之路》等论文多篇。

曾被授予“河南省新长征突击手”“河南省高等学校优秀思想政治工作者”等荣誉称号，其先进事迹曾以“亦文亦武　亦师亦友——记郑州大学信息管理学院党总支书记孙新成”为题被《河南教育》(高教)2016 年第 1 期报道。

代根兴　男，1985 年毕业于武汉大学图书馆学专业。1985 年至 2000 年在郑州大学信息管理系任教，曾任系副主任。现为北京邮电大学研究员、经济管理学院硕士生导师；曾任北京邮电大学图书馆馆长、出版社社长、资产经营公司党委书记、远程与继续教育处处长、医院直属党支部书记；曾兼任中国图书馆学会常务理事兼副秘书长、全国图书馆标准化技术委员会委员兼副秘书长、教育部高校图书情报工作指导委员会委员、全国通信与电子类高校图工委主任、北京高校图工委副主任、北京市 BALIS 管理中心副主任、北京高校图书馆联合体召集人、中国大学出版社协会常务理事兼副秘书长。

长期从事图书情报、出版领域的教学、研究与管理工作。先后主持国家社科基金等各类科研项目 10 余项；出版《图书馆信息资源建设与管理研究》《数字时代的图书馆信息资源建设》等著作 8 部；发表专业论文 80 余篇。是中国图书馆界最早提出用“信息资源建设”取代“文献资源建设”的学者，有关信息资源建设的理论研究在国内图书馆界产生较大影响；关于大学图书馆“立体三角”管理模式的创立与实践，被作为高校图书馆管理的成功案例列入了《大学图书馆馆长研究》一书；创建和领导的“北京高校图书馆联合体”，被誉为我国民间高校图书馆联盟的成功范例；被《大学图书馆学报》《新华书目报》《E 线图情》《中国教育装备采购网》《出版人》等杂志专题报道。

雷天锋 1992 年毕业于郑州大学图书馆学系，同时就业于河南中医药大学图书馆，1999—2002 年郑州大学函授本科图书馆学专业。研究生学历，副研究馆员，2008 年任河南中医药大学新校区建设与管理办公室副处长，2012 年任河南中医药大学图书馆副馆长，2017 年任河南中医药大学图书馆馆长。目前社会兼职有：河南省高校图书情报工作委员会文献资源建设委员会主任、河南省图书馆工作委员会阅读推广工作委员会副主任、河南省科技情报委员会理事、郑州大学信息管理学院硕士生导师。

任职以来，2007—2011 年连续被评为学院年度及党内争先创优活动“优秀共产党”，2010—2014 年被评为“河南省图书馆学会先进个人”，2015 年被评为“河南省教科文卫先进个人”，2023 年被评为“河南省高校图书馆榜样馆员”等。

在学术方面，先后发表论文24篇，其中4篇为中文核心期刊；独著著作3部，参编著作4部；科研项目10多项，其中主持的省部级科研项目2项，厅局级科研项目8项，学校科研项目3项。参与科研项目9项，主持发明专利2项。

赵振营 1991年毕业于郑州大学图书情报学系图书馆专业，研究馆员，硕士生导师。参加工作以来，历任河南中医药大学图书馆副馆长，图书馆总支书记，网络中心书记、主任，信息化办公室书记、主任，新县人民政府副县长，河南中医药大学计划财务处长。河南省教育信息化专家，河南省党的教育政策研究专家，公开发表学术论文33篇，出版学术著作4部，主持完成省部级课题6项，申请软件著作权4项，获得多项科研奖励。

荣获“河南省新长征突击手”“河南省高校优秀党务工作者”“河南省脱贫攻坚先进个人”等称号。

代洪甫 1986级专科，河南财经政法大学机关第一党委书记。

蔡丽萍 女，1988年郑州大学图书馆系图书馆学专业毕业；2002年于郑州大学公共管理学院行政管理专业学习，获管理学硕士。2011年11月取得图书资料系列研究馆员任职资格。现任郑州轻工业大学党委委员、党委统战部部长。

1988年参加工作至今，先后任郑州轻工业大学校长办公室秘书科科长、档案馆馆长、图书馆党总支书记、党委统战部部长。先后发表学术论文25篇，出版著作、教材6部；主持和参与国家、省部级科研项目7项，获厅级及以上科技成果奖8项。

参加工作以来先后荣获郑州轻工业大学“三育人”先进工作者、优秀党务工作者、女教工“建功立业”标兵、河南省档案工作先进个人、河南省高校统战工作先进个人等称号。

段莹 2001级本科，现任郑州轻工业大学建筑环境工程学院党委书记。1997—2001年图书馆学本科毕业，2003—2006年图书馆学硕士毕业。历任郑州轻工业大学图书馆副馆长、纪委纪检监察三室主任、档案馆馆长。

刘博 男，2001年郑州大学信息管理系经济信息管理与计算机应用专业毕业，现任河南省政协委员、民盟河南省委委员、民盟河南省委参政议政委员会主任、河南省人民政府研究室综合处副处长、三级调研员。

舒雪冬 男,2004 年档案学专业毕业。现在河南城建学院工作,任城建档案馆馆长、综合档案馆馆长、校史馆馆长。

李伟超 男,2004 年 6 月图书馆学硕士研究生毕业,现任郑州航空工业管理学院信息管理学院副院长。南京大学情报学博士,教授,硕士生导师,河南省高校科技创新人才,河南省教育厅学术技术带头人,河南高校优秀共产党员,发表论文 80 余篇,出版专著、教材 5 部,主持完成国家社科基金项目 1 项,获得省部级奖励 6 项(1 项获河南省社会科学优秀成果二等奖)。河南省民航专家库专家,河南省航空业协会专家,国家知识产权创意产业试点园区智库专家。

岳宗伟 男,1999 年档案学专业毕业。现任职于国务院发展研究中心,任办公厅(人事局)副主任(副局长)。

张长海 男,1998 年档案学专业毕业。研究员,管理学博士,现任华南师范大学国际联合学院常务副院长,阿伯丁数据科学与人工智能学院党总

支书记。兼任广东省高等学校教学管理学会教材分会副会长、佛山市社科专家、中山大学信息管理学院硕士生导师。研究集中在高等教育宏观管理、教育技术基本理论、信息理论、高校学生管理、高等教育国际化、高校基层党建等,已发表学术论文60余篇。

殷帅永 男,1999年档案学专业毕业。现任公安部新闻宣传局发布处处长。

王元锋 男,2005年信息管理与信息系统专业毕业。现任郑州大学党委宣传部副部长,曾担任信息管理学院2004级、2005级、2008级、2012级辅导员,学院团委书记,党委办公室科长,发表学术论文10余篇。

秦东方 男,2007年郑州大学信息管理系信息管理与信息系统专业本科毕业,2011年郑州大学信息管理系情报学专业硕士研究生毕业。现就职于对外经济贸易大学,2017年获评副研究员,2019年至今为校党委教师工作部/人力资源处副部长兼副处长,负责学校教师思政、师德师风及人力资源

调配工作。

信息管理系硕士毕业后进入对外经济贸易大学工作，先后担任信息学院辅导员、分团委书记、学校人力资源处高层次人才办公室主任、教师工作部/人力资源处副部长兼副处长等职务，曾获得北京市优秀基层团干部、北京市辅导员技能大赛三等奖等荣誉。目前清华大学教育学博士在读，研究方向为高等教育理论、高校组织机构与人力资源管理，先后在《思想理论教育导刊》《思想教育研究》《国家教育行政学院学报》《大学图书馆学报》《图书馆工作与研究》等专业学术期刊上发表学术论文20余篇。

马艳霞　女，2005年毕业于郑州大学信息管理系图书馆学专业，获管理学硕士学位。2008年毕业于武汉大学信息管理学院，获管理学博士学位，2016年晋升教授。现为洛阳师范学院图书馆党委书记，国家文化和旅游研究基地常务副主任。研究方向为公共文化服务、乡村文化建设、图书馆学等。先后主持“公共文化多元化投入模式研究”和“基于内生动力视角的乡村文化振兴研究”2项国家社科基金项目，4项省部级科研项目。在《中国图书馆学报》《大学图书馆学报》等CSSCI期刊上发表论文30余篇，其中2篇被人大复印资料全文转载，1篇被《新华文摘》论点摘编。获得河南省社会科学优秀成果奖二等奖1项，河南省教育厅人文社会科学研究成果一等奖4项。“河南省公共文化高质量发展研究”获批2023年省高校哲学社会科学创新团队。荣获“河南省高校科技创新人才”“洛阳市文化宣传系统首届‘四个一批’理论宣传人才”“首届洛阳市优秀青年社科专家”“洛阳师范学院第三届青年科技拔尖人才”等。作为专家组成员连续四年参与全省现代公共文化服务体系建设绩效考核工作，深度参与国家和河南省四批公共文化服务体系示范区和示范项目创建工作，指导洛阳市和济源市国家公共文化服务体系示范区创新发展复核项目。先后受邀为鹤壁、济源、新乡、新疆哈密等地基层文化工作人员培训。

范凡 2000 级硕士，现任北京大学图书馆研究馆员。

乔冬梅 2000 级硕士，河南省文化和旅游厅科技教育处副处长。

李红岩 郑州市图书馆馆长。

周献红 1987 级专科，南阳市图书馆馆长。

李佳 1987 级专科，周口文化馆馆长。

蒋廷方 1986 级专科，安阳市图书馆副馆长。

孙文杰 2003 级硕士，河南财政金融学院教务处处长。

安新华 1986 级专科，南阳理工学院图书馆馆长。

孙树国 1989 级专科，中原工学院广播影视学院工会主席兼后勤管理服务公司总经理。

王瑞珍 2005 级硕士，河南师范大学图书馆副馆长。

容红涛 2006 级硕士，郑州西亚斯学院图书馆馆长。

崔海英 1989 级专科，河南中医药大学图书馆副馆长。

陈鸿鹄 1989 级专科，平顶山学院图书馆副馆长。

郭自宽 2002 年毕业于郑州大学信息管理系图书馆学专业。桂林理工大学图书馆副研究馆员/副馆长。图书馆学硕士。在桂林理工大学图书馆工作,现任图书馆副馆长、支部副书记,任广西图书馆学会理事、广西高校图书馆学会理事、中国冶金教育学会图书馆研究分会理事。发表图书馆学领域论文 10 篇,主持和主要参与图书情报学领域科研项目10 余项。

吕润宏 男,图书馆学硕士,研究馆员,漯河医学高等专科学校图书馆副馆长。河南省教育技术装备和实践教育专家、河南省高校图书馆杰出阅读推广人、漯河市青年岗位能手。本科、研究生均就读于郑州大学,2002 年获图书馆学专业文学学士学位,2010 年获图书馆学专业管理学硕士学位。毕业后一直从事图书馆一线工作,业务技能丰富。先后制定了多项图书馆图书分类、编目、流通、电子数据库的利用等管理制度。连续 17 年组织开展大学生读书节系列活动,策划多项"品牌化"阅读推广活动,为书香校园建设发挥了积极的表率作用。参加工作以来发表专业学术论文近 30 篇,其中核心期刊论文 5 篇;作为主编或参编共出版著作和教材 11 部;主持国家发明专利 3 项,实用新型专利 2 项;主持或主要参与省、市厅级科研课题 20 余项,获评成果奖励 15 项。

王蕾 女,2002 年郑州大学信息管理系图书馆学专业本科毕业,2005 年中山大学资讯管理系(现信息管理学院)图书馆学硕士研究生毕业,2011 年中山大学历史学系历史学博士研究生毕业。研究馆员,现任中山大学图书馆副馆长,图书馆学、历史学硕士生导师。兼任国际图书馆协会联合会(IFLA)版权及其他法律事务咨询委员会委员、图书馆史特别兴趣组委员、中国图书馆学会学术研究委员会图书与图书馆史研究专业组主任、中国古籍保护协会传统写印材料研究专业委员会委员、古籍编目专业委员会委员、古籍整理与开发专业委员会委员、广东图书馆学会常务理事等。美国哈佛燕京图书馆访问学者、美国国务院国际领导访问者项目访问学者。先后主持国家社科基金等各类科研项目及文化和旅游部、广东省文化和旅游厅等委托决策咨询项目 20 余项，作为主要成员参与国家社科重大项目 4 项，国家社科重点项目等各类项目 30 余项。研究领域为书史与图书馆史、古籍整理与版本目录学、文化遗产保护、数字人文、历史文献学等。出版个人学术专著《清代藏书思想研究》《图书馆、教育与出版：哈佛燕京学社在华中国研究史（1928—1951）》等 5 部，主编《清代版刻图录》等著作 9 部，参编著作 10 余部，在专业核心期刊上发表学术论文近 60 篇，获各类教学、科研、工作等奖励 20 项，曾获中国图书馆学会“第一届青年人才奖”等荣誉。

任全娥　2002 级硕士，中国社会科学院图书馆研究馆员。1990 年考入郑州大学图书馆学系，1992 年大学毕业进入高校图书馆工作；2002 年考取郑州大学信息管理系研究生，师从臧国全教授开展虚拟图书馆及参考咨询服务方面的学习与研究，2005 年获管理学硕士学位。主持和参与完成国家级相关课题 3 项、省部级课题 3 项、局级课题 2 项、委托课题多项，出版著作 5 部（包括独著 3 部），发表论文 70 余篇。其中，《知识管理视域下的代表性学术成果评价研究》《大数据背景下的文献计量学研究进展与学科融合》《国外学术评价研究：基于文献计量学视角》等多篇论文被《新华文摘》或中国人民大学复印报刊资料全文转载，著作《人文社会科学成果评价研究》（入选全国博士论文文库）、《中国出版社学术影响力研究》（被收入计量学研究丛书）、《人文社科成果评价体系理论与实证研究》（获得中国社会科学院创新工程出版资助）产生了较好的影响。曾获中国图书馆学会韦棣华基金会奖学金、全国百篇优秀博士学位论文提名奖、中国社会科学情报学会优秀论文一等奖、中国社会科学院所级优秀科研成果一等奖等。在担任中国社科院图书馆文献计量学研究室执行副主任期间，被任命为中国社科院中国社会科学评价中心主任助理，顺利实现评价中心的方案论证、组织筹建与初步运转，并受科研局委托完成中国社会科学院创新工程院所评价指标体系的设计、培训与推广使用，为社会科学评价工作做出贡献。

张军华　女，1998 级本科，黄淮学院图书馆副研究馆员，副馆长，副书记。2002 年郑州大学信息管理系图书馆学专业毕业。自工作以来刻苦钻研业务，对图书资料专业理论有系统、深入的研究；具有丰富的实践工作经验和较强的业务能力、管理能力和科研能力，能独立处理和组织协调各项业务问题。能在工作中不断探索新方法、新途径，向读者宣传推荐馆藏文献，提高读者的阅读欣赏水平，深入发掘馆藏，提高文献利用率。在完成本职工作的同时，能积极帮助和指导馆员进行业务工作和科研活动。公开发表论文18 篇，参编著作 3 部。多次荣获河南省高校图书馆先进工作者，荣获河南省图书馆学会 2021 年抗灾防疫工作先进个人等荣誉。

豆志磊　2003 级本科，漯河职业技术学院校文明办主任。

洪斌　1998 级本科，中国劳动关系学院图书馆副研究馆员，副馆长。

王亚锦　1999 级本科，深圳交大众创基金管理有限公司总经理。

张立　1999 级本科，中国人民财产保险股份有限公司办公室秘书处处长。2003 年图书馆专业本科毕业。2006 年硕士毕业于中国人民大学公共管理学院行政管理系。2006年至2008年就职于大唐电信集团(电信科学技术研究院)总裁办公室;2008年至今就职于中国人民财产保险股份有限公司(PICC),先后在政策研究处、秘书处(综合处)工作,目前担任秘书处(综合处)处长,其中2021年至2023年挂职江苏南京市分公司党委委员、副总经理。

汪伟涛 1999级本科,金联安保险经纪郑州分公司总经理。

陆晓曦 2003级本科,北京语言大学图书馆副馆长。

何功明 男,2001年毕业于经济信息管理与计算机应用专业。现任河南简捷教育科技有限公司总经理。

毕业以来,持续深耕教育信息化领域,参与并见证20多年来教育信息化的发展与变革,历任威科姆科技和智慧树网高管,支持全国300余所学校的信息化建设。创立河南简捷教育科技有限公司后,专注于高校数字化教学服务,与各级教育主管部门、权威教育教学研究机构和全国性龙头企业广泛合作,引领并推动河南高校数字化教学的发展。带领团队完成河南省第一门慕课和第一间智慧教室建设,持续服务河南30多所高校2000多位教师,取得发明专利2项,开发教学软件并取得著作权证书19项。

刘向东 男,2001年于经济信息管理与计算机应用专业毕业,现在中建二局西北投资建设有限公司工作,任市场总监。主要工作是大基建市场开拓、项目融资,以及与政府和各相关合作方沟通等。

祝群辉 男，1979 年出生，中共党员，硕士，于 2001 年于经济信息管理与计算机应用专业毕业。毕业后，先后在中原工学院计算机科学系、郑州大学商学院学习。2003 年 9 月至 2004 年 8 月，参加团中央组织的“百县千乡文化宣传工程”志愿者服务活动。2004 年 10 月进入河南蓝天集团有限公司工作。现在河南省豫南燃气有限公司工作，任副总经理职务。

张音 男，2001 年经济信息管理与计算机应用专业毕业。河南三利食品有限公司总经理。毕业至今从事农副产品（芝麻、大蒜、辣椒等农产品）的加工销售工作，带领河南三利食品有限公司开拓国际市场，实现出口量稳居行业前列；具备全球视野，善于国际化战略布局，善于打造优质团队，勇于突破创新，为脱水蔬菜行业的规范发展做出突出贡献；深入研究脱水大蒜二十余年，为公司经营管理和改革创新做出了突出贡献，获得实用型专利证明 20 个，带领河南三利成为“专精特新企业”；坚持秉承“利他而生、相伴成长”经营理念，与时俱进，主动承担社会责任，热衷公益事业，为“精准扶贫”和乡村振兴做出积极贡献。多次被所在单位评为先进个人，获得周口市“优秀企业家”“先进人大代表”“周口市劳动模范”“河南省重点工程建设立功竞赛先进个人”等荣誉称号。

杜剑 1999 级本科，北京立道软件股份有限公司总经理。

付现伟 1999 级本科，河南道纪电子科技有限公司总经理。

田发江 1999 级本科，大连尚行科技有限公司总经理。

王振魁 1999 级信息管理与信息系统专业，现为敏实集团下属公司总经理，之前曾在集团内宁波、北京及烟台公司担任高管及总经理。

周晓宾 1999 级本科，青岛博瑞科三维有限公司总经理。

王海旺 2000 级本科，福海商务酒店总经理。

常飞 2000 级本科，昆山威普斯电子有限公司总经理。

郝靖波 2004 级本科，中信银行郑州分行九如路支行副行长。

朱晓委 2004 级本科，江苏鼎业信息技术有限公司总经理。

赵旭 2004 级本科，江苏恒维智信息技术有限公司总经理。

马晓瑜 2008 级本科，同方知网（北京）技术有限公司事业本部总经理。

黄先锋 2008 级本科，南京小黄鸭网络科技有限公司董事长兼 CEO。

丁亚武 东华软件股份有限公司行业总监兼郑州分公司总经理。

张丰 男，2002 年郑州大学图书馆学专业本科毕业，2008 年郑州大学管理学硕士毕业，副研究馆员、创新创业导师。现任郑州电力高等专科学校招生就业处处长，主要负责高职招生、就业指导、创新创业教育教学等工作。创新做好招生宣传立体化、覆盖全域化、参与全员化、生源基地化，助力实现学校招生录取最低分数线（位次）屡创新高、十年最高。贯彻落实就业优先战略、积极就业政策，注重做好大学生职业生涯规划教育。指导荣获河南省职业生涯规划大赛金奖 2 项、银奖 1 项，立项省级就业创业教改项目 1 项；打造构建“一四三二一”高质量就业指导服务体系，毕业生去向落实率持续保持省内领跑，教育部就业反馈评价持续为 A 级，入选“全国高校毕业生就业创业工作典型案例学校”，在 2022 届全省普通高校毕业生就业创业工作会议上典型发言（专科唯一）。专业专注大学生创新创业教育，探索构建“专创融合六一六三模式”，入选“全国电力院校创新创业十大案例”，指导荣获“互联网+”大学生创新创业大赛国赛银奖 3 项、铜奖 2 项、省赛一等奖 18 项，“发明杯”国赛一等奖 8 项，组织申报入选河南省首批深化创新创业教育改革示范高校。《河南教育信息专报》《河南教育》《河南日报》《国家电网报》《中国电力报》《中国教育报》及“学习强国”等中央和地方主流媒体、平台多次报道招生就业、创新创业典型案例、经验成效，擦亮电力职业教育品牌形象。

陈含章　女，2002 年信息管理系图书馆学专业本科毕业，2005 年清华大学新闻与传播学院传播学专业硕士毕业。现任中国新闻出版研究院出版产业研究所副所长、编审，中宣部宣传思想文化青年英才，国家广播电视总局“农家书屋全面建设十周年先进个人”，中宣部农家书屋工作领导小组成员，北京市实体书店扶持专家库专家等。长期从事新闻出版产业、新闻出版公共文化服务领域研究，主持国家社科基金重点项目“数字化时代农家书屋发展研究”，担任国家科技支撑计划项目“基层公共文化服务数字技术应用与示范”项目秘书长及子课题“数字农家书屋内容推送系统研发及示范”执行负责人，参与省部级及其他各类课题 50 余项。

管先海 男,1991 年档案学专业毕业。现为河南省濮阳市档案馆副馆长、三级调研员、副研究馆员。曾荣获"河南省十佳档案员"荣誉称号,在 20 余种省级以上档案期刊上发表文章 300 余篇,在《档案管理》《档案》杂志组织刊发档案沙龙 150 余篇。

朱兰兰 女,1997 年档案学专业毕业。现为郑州航空工业管理学院信息管理学院教授、档案学系主任。国家一流本科课程负责人,河南省教学名师,硕士研究生导师。

朱亚玲 女,1998 年档案学专业毕业。现为河南省委办公厅档案监督管理处处长。

田煜 男,1998 年档案学专业毕业。现为中国联合网络通信河南省公司高级总监、河南联通档案馆馆长。

张晓 女,1999 年档案学专业毕业。现任中国航空发动机集团有限公司综合管理部机要文档处处长,研究馆员,硕士生导师,国家级档案专家。

何仲为 男,1999 年档案学专业毕业,现为河南元时医药公司董事长。

张会超 男,2001 年档案学专业毕业,现为上海师范大学人文学院副教授,硕士生导师。

王海燕　男,2004 年档案学专业毕业。现为郑州大学党委办公室副主任。

张欣　女,2005 年档案学专业毕业。现为河南省政府办公厅机要处五处副处长。

孟飞旺　男,2008 年档案学专业毕业。现任中央办公厅秘书局三级调研员。参与党的十九大、党的二十大、建党 100 周年系列庆祝活动组织服务工作,曾荣获“中央直属机关优秀共青团员”“中办秘书局优秀共产党员”等荣誉称号。

陈丽娟　女,2005 年档案学专业毕业。现为中国商用飞机有限责任公司上海飞机设计研究院信息资源部综合档案室主任,高级工程师。

蒋耀伟　男,2005 年档案学专业毕业。现为中国空空导弹研究院副研究馆员。

丰淦锋　男,2005 年信息管理学院信息管理与信息系统专业毕业。2005—2008 年东莞市东安实业投资有限公司历任业务经理、副总经理;2008—2022 年东莞市大众社会工作服务中心中心联合创始人、副理事长、总干事;2010—2022 年东莞市泰安电力工程有限公司历任总经理助理、副总经理、总经理。其中 2008 年至今,一直从事社会工作领域服务,是广东省东莞市首家社会工作服务机构联合创始人,东莞市社会工作协会理事。目前筹办东莞市首家民办残疾人康养综合服务基地。

靳明 男，2005 年信息管理学院信息管理与信息系统专业毕业。2006 年加入 IT168 从事广告销售工作，迅速成长为当年度销售冠军；2007 年加入神州数码，从事销售工作，连续几年业绩完成率全国 top5，并且开始带团队；2010 年加入今日在线从事华东区以及全国软件业务销售工作，连续多年评选为今日之星，业绩冠军；2017 年参与组建今日信息，担任副总经理至今，并且帮助今日信息成长为医疗软件等服务提供商以及数字员工服务综合性 IT 服务提供商，在上海乃至华东区域享有一定知名度。

郑文娟 女，2005 年信息管理学院信息管理与信息系统专业毕业。2008 年毕业于南开大学商学院信息资源管理系，毕业后留在南开大学马克思主义学院办公室工作，现在南开大学机关部门从事行政管理工作。

张丽 女，2005 年信息管理学院信息管理与信息系统专业毕业。先后从事外贸进出口行业、自由职业、家庭健康管理技术推广，目前同时在正道古琴工作室做古琴助教老师，宣传传统文化。

陈良金 男，2005 年信息管理学院信息管理与信息系统专业毕业，获学士学位；2008 年毕业于郑州大学信息管理学院情报学专业，获硕士学位。2008 年至 2014 年在洛阳有色金属加工设计研究院工作；2014 年创办河南省万佳纤维制品有限公司，并担任公司总经理至今。

于晓东 男,2005年信息管理学院信息管理与信息系统专业毕业。现工作于广进国际集团,任物资中心总经理一职,负责各建筑及贸易分公司物资、设备、机械、车辆等的管理及供应工作。

钟江 男,2005年信息管理学院信息管理与信息系统专业毕业。毕业后从事私募基金、风险投资行业11年;2016年前往美国自行创业;2021年创立Kommercial Lighting,从事商用LED照明产品的销售。

潘瑛矗 男,2005年信息管理学院信息管理与信息系统专业毕业。2012年1月—2022年10月,历任河南省新华书店发行集团信息管理部副主任(副科级),云书网事业部经理(正科级),集团副总经理(副处级);2022年10月至今,任河南新华物资集团总经理(正处级)。

邹亮 男,2005年信息管理学院信息管理与信息系统专业毕业。2005年工作于荆楚理工学院图书馆,历任采编部副主任,信息咨询部副主任,现任资源建设部主任。

曾雷甫 男,2005 年信息管理学院信息管理与信息系统专业毕业。现就职于华硕科技(苏州)有限公司,主机板测试部门工程师。

刘建波 男,2005 年信息管理学院信息管理与信息系统专业毕业。2005 年至今在汝州市工作,先后在科技、环保、水利等部门工作。现任汝州市水利局副局长。

张成献 男,2005 年信息管理学院信息管理与信息系统专业毕业。2005—2008 年,在北京就职于一家对日软件开发公司,多次被评为公司优秀员工。2008 年,前往日本工作。目前就职于日本一家上市公司,担任开发一部科长,从事手机游戏开发。

楚明钦 男,2005 年信息管理学院信息管理与信息系统专业毕业。2014 年南京大学应用经济学专业博士毕业。现任职于郑州大学新闻与传播学院,副教授,硕士研究生导师,郑州大学青年骨干教师。曾以第一作者或独著在 CSSCI 来源期刊发表文章 21 篇。其中,2 篇被人大报刊复印资料全文转载。曾主持河南省软科学项目 2 项,河南省政府决策研究招标项目 4 项。在中国社会科学出版社出版专著一部,此专著获得河南省经济学会一等奖和河南省政府发展

研究奖三等奖。

费超　男，2004 年信息管理系信息管理与信息系统专业毕业。高级工程师。现就职于日海恒联通信技术有限公司（隶属上市公司日海智能科技有限公司），担任项目管理部副总经理。

2004 年大学毕业至今一直从事通信网络设计、通信工程施工服务、弱电智能化等相关工作，具有丰富的通信网规划设计和大中型通信施工项目管理经验。曾就职于中讯邮电咨询设计院、河南省通信设计院等国企，主要负责的代表性项目有中俄国际一级干线施工项目，四川移动成都城域网二平面项目等。牵头或主要参与的多个项目曾获得河南省优秀工程咨询成果一等奖、二等奖，河南省优秀信息通信设计成果奖。

荣获中国通信企业协会颁发的“2017—2018 年度通信网络维护服务领军人物”荣誉称号；被郑州市政府评定为“2022 年度郑州市重点产业急需紧缺人才”；2017 年，在中国信息通信行业信用建设大会上，做“‘四位一体’，打造企业诚信”主题发言，获得主办方及与会代表的高度赞赏。

刘素军　男，2004 年毕业于信息管理与信息系统专业。目前在河南省开封市黄河水利职业技术学院图书馆工作，副研究馆员，任文献资源建设部主任。工作期间不断把图书情报理论知识与图书馆工作实际结合起来，用理论知识指导工作实践，作为业务骨干，先后在采编、流通、技术、档案等部门历练，参与完成多项业务工作。在校内先后获得优秀共产党员、文明标兵等荣誉称号，2018

年获河南省图书情报工作先进工作者称号。在实践中不断升华、理论创新，发表论文20篇，主持完成厅局级课题10项，主编专业著作一部，参编一部。自2019年以来指导学生参加全国高职高专信息素养大赛获得全国优秀奖一人，省级三等奖以上10人次。

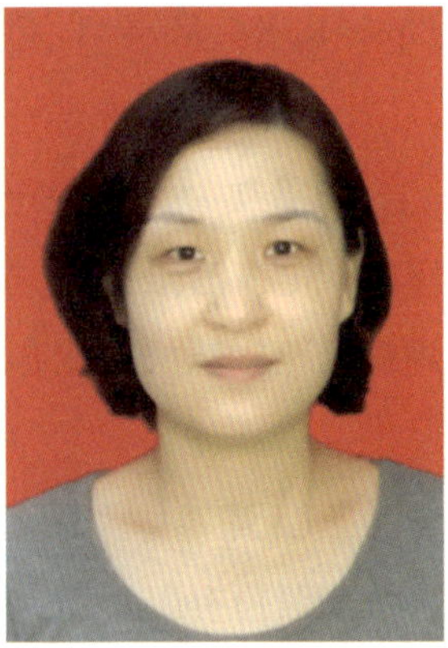

莫祖英 女，博士，教授，硕士生导师，河南省教育厅学术技术带头人，河南省高校青年骨干教师，美国南康涅狄格州立大学访问学者。2005年获郑州大学管理学（信息管理与信息系统专业）学士学位，2007年获武汉大学情报学硕士学位，2014年获武汉大学情报学博士学位。主要研究方向是信息质量评价与管理、政府开放数据、虚假信息治理等。

在科研方面，主持国家自然科学基金项目“我国政府开放数据的质量保障机制研究”、国家社会科学基金项目“社交媒体情境下网络虚假信息传播行为干预研究”、河南省科技攻关（软科学）项目、河南省教育厅人文社科项目等10余项；出版学术专著4部，参编教材1部，发表SSCI、CSSCI期刊论文30余篇，获河南省社科优秀成果奖、高校哲学社科优秀成果奖等7项。在教学方面，主讲的课程信息调研获河南省一流本科课程（社会实践类），情报学基础理论与前沿获河南省研究生教育优质课程，教研成果获河南省教育科学研究优秀成果奖、河南省教育信息化优秀成果奖等5项，指导学生毕业论文《我国政府开放数据质量评价模型构建研究》获河南省优秀硕士学位论文。

王日花 女，硕士，副研究馆员，现任中国传媒大学图书馆信息咨询部主任。2005年获郑州大学管理学（信息管理与信息系统专业）学士学位，2008年获南开大学图书馆学硕士学位。2008年入职中国传媒大学图书馆，先后任资源建设部副主任、信息咨询部主任职务。编写《中国传媒大学图书馆读者手册》《中国传媒大学图书馆读者行为守则（试行）》等规范性文件，撰写的图书馆文明标语获央视网、共青团中央、中国青年报等权威媒体好评。创新图书采购模式，策划推出中国传媒大学图书馆“芸悦读”活动；创办中传图书馆视频号，丰富图书馆融媒矩阵。科研方面，发表论文 13 篇，参编图书 3 部，主持参与科研项目 5 项。

王君君　女，2005 年信息管理与信息系统专业毕业。现任职于 AvePonit Japan K. K.，从事 IT 相关工作。

康平立　女，2005 年信息管理与信息系统专业毕业。现工作于株洲中车时代电气有限公司，担任流程与信息化主管。参与第 22 届湖南省企业管理现代化创新成果比赛获，一等奖。

王囡囡　女，2005 年信息管理与信息系统专业毕业。目前在招商局港口集团股份有限公司人力资源部工作。

张晓恒　女，2005 年信息管理与信息系统专业毕业，现在河南省郑州市金水区人力资源和社会保障局工作。

牛中强　男，2005 年信息管理与信息系统专业毕业。现工作于招商证券股份有限公司，担任资产托管部副总经理、市场总监。曾荣获“航天科工杯”第三届中央企业青年创新金奖、深圳市金融创新奖、招商局集团创新奖、招商证券“杰出员工”“先进员工”等多项荣誉。

王宁 博士，教授，博士生导师。2005 年信息管理学院信息管理与信息系统毕业，获学士学位；2013 年西北工业大学毕业，获管理科学与工程专业博士学位。目前工作于郑州大学商学院，任副院长，主要从事质量管理、质量工程方面研究。近 5 年先后主持(完成)了国家级课题 3 项，包括国家社会科学基金项目 1 项(一般项目)、国家自然科学基金项目 1 项(管理学部)、教育部人文社科基金项目 1 项；还分别主持(完成)了河南省社科规划项目、河南省软科学项目等省厅级课题 8 项，并获批河南省高校哲学社会科学创新人才、河南省教育厅学术技术带头人及河南省高校青年骨干教师等荣誉。近 5 年先后在 *Emerging Markets Financeand Trade*, *Mathematics*, *Symmetry* 及《中国管理科学》《系统工程学报》《运筹与管理》等国内外权威期刊发表学术论文 30 余篇。此外，在经济科学出版社出版学术专著 1 部。研究成果先后获得河南省哲学社会科学优秀成果三等奖及河南省高校哲学社会科学优秀成果二等奖等。

王涛　男，中共党员，2005 年本科毕业于信息管理与信息系统专业，2009 年硕士毕业于情报学专业。现任中原工学院国有资产管理处副处长、采购与招标中心副主任、中原工学院资产管理有限责任公司总经理、中原工学院国资处党支部书记。主持完成省级科研项目 1 项，厅级科研项目 4 项，出版著作 3 部，发表论文数十篇。获得中原工学院“三育人”先进个人、综合治理先进个人、优秀共产党员、优秀党务工作者、优秀党支部书记等荣誉称号。

魏炜　男，2005 年信息管理学院毕业，2023 级中国人民大学商学院 MBA 学生。北京华威天宝科技有限公司创始人，法人代表，工商管理中级经济师。

2015 年 3 月至今，陆续签约海尔生活电器、智米全系列产品、3M 空气净化器、海尔医疗器械、海信生活电器，其间获得 2016 年度海尔施特劳斯杰出贡献奖、2017 年度海尔施特劳斯水设备最具规模奖、2019 年度水产业电商皇冠奖、2020 年度小家电双十一卓越贡献奖、2021 年度海尔智慧生活电器平台好店奖等奖项。

袁靖波　男，2005 年信息管理与信息系统专业毕业，现任教于深圳大学管理学院，担任市场营销系副主任，特聘研究员、博士后合作导师、留学博士生导师。2007—2013 年曾先后担任华为公司进出口专员、业务分析师、项目经理等职务。管理学博士、博士后，国家留学基金委公派访美学者、深圳市后备级高层次人才、国家自然科学基金通讯评审专家、中国高校市场学研究

会理事。研究领域包括企业战略管理、营销伦理、平台营销与治理等，已主持课题包括国家自然科学基金青年项目和面上项目、国家社会科学基金后期资助项目、教育部人文社科项目、中国博士后科学基金一等资助和特别资助项目，以及广东省哲学社科项目、深圳市哲学社科项目等。相关研究成果发表于《管理世界》《南开管理评论》《中国工业经济》及 *Journalof Retailingand Consumer Service* 等中英文期刊。曾获得教育部"第八届高等学校科学研究优秀成果奖(人文社会科学)"二等奖、《中国工业经济》第一届"优秀论文奖"等科研成果奖、首届 CMAU 全国大学生市场研究与商业策划大赛"年度十佳指导教师""优秀指导教师"等奖项。

王耀辉　男，2005 年信息管理学院信息管理与信息系统专业毕业。现就职于中国宝武集团三级子公司北京宝钢北方贸易有限公司，担任纪委书记职务。

张磊　男，2005 年信息管理学院信息管理与信息系统专业毕业。现就职于马可波罗控股股份有限公司，担任唯美 L&D 事业部销售总经理。

王刚 男，硕士研究生，2005 年郑州大学信息管理与信息系统专业本科毕业，2012 年郑州大学商学院工商管理硕士毕业。现就职于北京大学深圳研究院，产业金融研究员，兼任郑州郑好融科技服务股份有限公司董事总经理。

张晓博 男，2005 年信息管理学院信息管理与信息系统专业毕业，现就职于寰宇通达控股集团有限公司，副总裁。

杨俊娜 女，2005 年信息管理与信息系统专业毕业。现任联东集团天津区域产发总经理。

周珂 女，2005 年信息管理与信息系统专业本科毕业。现任驻马店市财政局办公室副主任。

江莉莉　女,2005 年信息管理与信息系统专业本科毕业。现任河南校信通教育科技有限公司智慧教育事业部总经理。

乔洁　女,2005 年信息管理与信息系统专业毕业。现就职于中国农业银行河南省分行,担任经理。

务云　女,2005 年信息管理与信息系统专业毕业。现就职于二七区纪委,部门主管。

魏勇敢 男，2005年毕业于郑州大学信息管理学院信息管理与信息系统专业，先后在河南信息统计职业学院招生办、信息管理系、教务处工作，现任河南信息统计职业学院团委书记。2016年取得郑州大学计算机应用技术专业硕士学位。发表学术论文10余篇，讲师职称，河南省骨干教师；2009—2022年连续14年荣获学校或河南省统计局优秀共产党员、优秀党务工作者；2018年河南省高校42期中青班优秀学员。

李朝锋 男，2005年毕业于郑州大学信息管理学院信息管理与信息系统专业，毕业后到河南财经政法大学（原河南财经学院）图书馆工作。2015—2017年就读于河南财经政法大学工程管理与房地产学院，取得专业硕士学位。参加工作后曾先后在河南财经政法大学文北校区和新校区图书馆工作，目前担任河南财经政法大学文北校区图书馆读者服务部副主任职务，馆员职称。

张玮玮 2005年毕业于郑州大学信息管理学院信息管理与信息系统专业，现于珀金埃尔默企业管理（上海）有限公司 Perkin Elmer, Inc. 任项目经理。在软件开发领域，深耕数十年，从事过高精度数控机床以及精密仪器研发，积累了丰富的开发经验，尤其擅长软硬件结合、物联网以及云原生的系统架构设计。目前负责并领导红外、紫外、荧光、热分析四条产品线的光谱仪及分析仪的软件研发工作，这些仪器在食品、生物医学、半导体材料、石油化工、环境科学、核酸检测等高新领域得到广泛应用。

和富伟 男,2005 年毕业于郑州大学信息管理学院信息管理与信息系统专业。现任杭州绿色慧联有限公司南京公司负责人,致力于绿色运力发展。

刘新永 男,2005 年毕业于郑州大学信息管理学院信息管理与信息系统专业。现任职于深圳市大疆创新科技有限公司。

李宇宽 男,2005 年毕业于郑州大学信息管理学院信息管理与信息系统专业。现任李宁团购部销售经理。

余永祥 男,2005 年信息管理学院信息管理与信息系统专业毕业,现就职于河南亿恩科技股份有限公司,公司董事,销售事业部总经理。从毕业一直致力于企业数据中心服务器托管/租赁、公有云/私有云、企业信息安全等保测评服务。

高兵兵 男,2005年信息管理学院信息管理与信息系统专业毕业,职业讲师(内训师培养方向),致力于企业组织经验的萃取与传承。

邓荣 男,2005年信息管理学院信息管理与信息系统专业毕业。毕业后就职于南通科技职业学院信息与智能工程学院,2016年获南京航空航天大学计算机技术领域工程硕士学位,副教授。江苏省高校"青蓝工程"优秀青年骨干教师培养对象,英国莱斯特大学访问学者,获第六届全国农业职业教育教学成果一等奖,江苏省职业院校信息化教学大赛高职组二等奖,主编"十四五"职业教育国家规划教材1本,主持江苏省高等学校在线开放课程1门,主持省、市级教科研项目4项,发表论文10余篇。

刘海涛 男,2003—2007年就读于郑州大学,获学士学位;2007—2010年就读于清华大学,获法律硕士学位。2010—2016年在北京市中级人民法院任职,北京高院借调,2016—2017年期间在中国民生银行总行任职高级法务经理,2017—2021年在北京市京徽律师事务所担任创始合伙人,

2021 年至今在北京市中闻律师事务所担任合伙人。现任北京市中闻律师事务所合伙人，北京多元调解促进委员会委员，北海国际仲裁院仲裁员。

祝贺　女，2007 年信息管理系信息管理与信息系统专业毕业。现工作于郑州高新技术产业开发区枫杨办事处朗悦社区，担任社区书记、主任。

张瓒　男，2008 年本科毕业于信息管理与信息系统专业，2011 年硕士毕业于情报学专业。现就职于中国建设银行股份有限公司苏州分行，担任苏州新区何山支行行长。

朱亮　男，2019 年信息管理与信息系统专业毕业。现供职于华为技术有限公司，担任政务一网通军团数字城市华南区域总监。

闫军辉 男,2001 年信息管理与信息系统专业毕业。现工作于郑州银行,支行行长,注册理财规划师,注册信贷分析师,基金从业\证券从业\银行从业。多次被评为郑州银行十佳支行客户经理、十佳支行市场部经理、十佳支行副行长。

第五部分　校友名录

一　专科生名录

1987 届图书馆学专科(1985—1987 年)

孙宏强　王建吾　王三玲　徐　琳　王新利　王书侠　万　伟
王自禹　周　落　刘　兵　许结实　于文莲　王　拓　宋彦敏
苏广利　赵冬生　王克荣　贾澎涛　徐金红　王献群　王素平
王小环　王明儒　刘传良　杨　忻　薛　泳　安日英　段　丽
杨春丽　赵新澎

1988 届图书馆学专科(1986—1988 年)

刘志华　郭静芳　张敏华　陈立群　焦宏金　郑　征　葛水忠
蔡丽萍　闵顺河　吕　维　蒋廷芳　刘燕茹　李东风　曾增明
刘　伟　薛　瑞　常翠婷　王中峰　赵　辉　安新华　李金刚
生青杰　王　军　邵　冰　杜百安　张红梅　周九常　史爱玲
许文英　张礼洁　王林廷　胡利民　代洪甫　高重迥　张宏志
张长贵　孔德超　曹文庆　靳菊红　左尚鸿

1989 届图书馆学专科(1987—1989 年)

李红旗　刘玖军　李喜亮　张松云　陈　敏　刘　东　邱　云
张中峰　王缓缓　韩美霞　刘　军　赵治卿　李万军　孙北涛
阵雅利　祝全民　刘　建　王宝郑　刘德功　王咏梅　赵秀林
杨庆敏　王小芳　于　敏　王文英　李国杰　张献锋　王建军
高　雄　吕　红　陶敬冶　孟　雷　别延丽　古伟平　李　佳
尚　雷　王转华　周菊香　周转红　姜桂云　刘静霞　刘文峰

靳东旺　张永玉　周献红　李　梅　刘花梅　郭　彬　邱华旺
马惠萍　李友诚　高玖伟　贾　宏　王　丽　武建铭　郭　涛
王国栓　徐玉梅　吴冬丽　马　爽

1990 届图书馆学专科(1988—1990 年)

丁　戈　吕志梅　吕向东　李开慧　李献伟　齐玲阁　王红卫
李东杰　段永杰　高继平　张素霞　秦中新　王肖娟　李丹萍
薛菊仙　王保成　毋乃彪　王卫东　蔡含枝　田　靖　郭风梅
张　泽　陈松岭　李卫华　王海中　米　利　亓国清　李沛俊
薛国营　王歌文　梁明春　李桂增　米仁可　田　红　杨芳芳
许园园　孙蓉蓉　吴仲夏　朱成秀　张书远　韩　玲　崔　炜
尹鸿民　王林军　习志安　乔立新

1991 届图书馆学专科(1989—1991 年)

李艳萍　陈鸣鹄　张　敏　常利峰　丁逢霞　杨　倩　张新宇
许世伟　郗金玉　周国山　韩祥荣　罗沛文　陈风宇　李小华
韩　利　陈方林　孙小丰　杨正盛　梅世江　张　蓉　李　丽
叶　枫　简立云　王　磊　闻立敏　李素珍　张素芳　孙树国
吴军民　尚　萍　赵振营　郭献民

1992 届图书馆学专科(1990—1992 年)

樊　韬　白红兵　王伟平　王雪令　李国山　庞巧梅　单荣浩
孙文杰　韩焕玲　王淑兰　司英芳　李宜玲　王艳红　李　杰
陈宝昀　王家才　张长琳　李小龙　孙祖和　张　莉　雷天锋
崔海英　余　鹏　李文忠　武伯军　任全娥　王如意　李　英
方世平

1993 届图书馆学专科(1991—1993 年)

陈　亚　贾　玮　叶　国　石　冰　李保兴　马素梅　苏　华

邵　平	温　泉	路伍生	姬忠平	冯双玲	王红明	王志凌
蒲秋红	韩光华	焦仁峰	刘海燕	曹玉兰	夏红丽	康筱君
万小丽	程　果	彭　惠	高新亮	张　芳	徐筱琴	崔卫军
安继东	沈光亮					

1994 届图书馆学专科(1992—1994 年)

耿　勇	张朝阳	贾胜利	赵春月	吴　晶	陈志勇	荣洪涛
王瑞珍	陈桂红	唐爱霞	张小兵	朱贵雷	靳遂金	王会丽
宋春丽	赵娜丽	王捍东	贾齐超	许巧联	丁　浩	李红范
周春光	吉宇宽	屈泽龙	李伟杰	赵开慧	刘　娴	秦金聚
李文立	王广三	郭为红				

1995 届图书馆学专科(1993—1995 年)

高智军	张昕宇	任尚桢	王小利	杨玉灵	张安芳	王俊磊
蒋里霞	常金鹏	谢含昌	王国强	徐保军	王素文	侯素霞
刘丰收	刘陆军	高　飞	司长虹	路晓燕	孔凡豪	王佳家
邢保金	余甫国	李颂华	韩梦昕	张　剑	乔冬梅	常　瑛
曾　杨						

1995 届图书馆学二年制计划内自费生(1993—1995 年)

靳玲花	金　敏

1997 届经济信息管理与计算机应用专科(1995—1997 年)

马　雷	王卫华	张　霞	冯红凌	邵彦超	苏长青	刘海燕
赵东放	李艳花	王　乐	计晨阁	杨文海	冯付德	侯新虎
董双安	姚迎黎	程相伟	王青峰	张宏民	陈军毅	周玉旗
李　峰	钘　玲	郭彩文	姬文江	周振勇	袁北京	谢彩营
李峥嵘	郭立志	于民政	郭天华	王永华	朱明勇	杨圣龙
姜　平	汪东洋	于金平	杨云亭	朱建宏	李　斌	张伟锋

焦 浩　刘慧莉　闫 斌　钟 丽　王 玥　彭 燕　王 旭
俞 共　高富喜　王金亮　吴茂华　赵 凯　李运东　胡俊超
王新彩　王瑞香　李细锋　李 啸　甘树华　李 军

1999 届经济信息管理与计算机应用专科(1996—1999 年)

陈晓丽　高 芬　贺慧萍　胡婉冰　靳丰乐　李 红　李 华
李 静　刘冰雪　刘庆喜　刘燕午　罗俊娜　马 辉　马海杰
欧军战　秦 丁　石亚伟　宋海洋　王 巍　王 艳　王 宇
王红安　王建厚　王云飞　文学成　吴静雅　薛 云　杨 磊
杨清波　杨宪法　尹清俊　游 泳　张 伟　袁东建　岳家爱
张 弛　张 晖　张海峰　张红涛　张群德　张旭东　赵鹏飞
赵志涛　周治伟　雒晓峰

2000 届经济信息管理与计算机应用专科(1997—2000 年)

马立军　徐大伟　王 哲　李琳琳　崔 萌　赵纪维　张 强
时英丽　崔 丹　王 宇　张 扬　唐 阳　时宏杰　王江涛
李云霞　毕琦亮　陈金钢　胡宝安　张海强　高 瑞　陈红蕾
陈慧霞　李 峰　杨 健　冯艳霞　吴 娜　王利萍　崔 佳

2001 届经济信息管理与计算机应用专科(1998—2001 年)

蔡鹏伟　陈 虎　高利明　高鹏飞　高文宣　龚天华　勾卫兵
何功明　何俊丽　候萬文　姜 华　景大卫　李 伟　李 霞
刘 博　刘 菁　刘恒高　刘向东　刘心怡　刘幸枝　刘玉红
马黎明　宋艳艳　王 丁　王美艳　王颖洁　武高亮　谢 超
徐 涛　阎林照　尹太兴　张 音　张凤娟　张新杰　周先行
祝群辉　郜向荣　吉丽喆　高鹏鹤

二 本科生名录

1996 届档案学本科(1992—1996 年)

王淑敏 李 莎 李可为 温新德 张民华 邹桂荣 邓 锴
杜世平 梁 永 何记东 牛东善 赵晓勇 邓耀河 李军山
陈秋莹 张世海 尚守勇 李 庚 张红丽 杨 慧 孟 瞻
邢林雅 郭祥远 傅金生 张德良 张金凤 刘丽萍 曾峻岭
陈月雯 赵宝玲

1997 届图书馆学本科(1993—1997 年)

王艳军 柴艳粉 吉丽娟 马素梅 常 莉 王兰敬 于万超
郭 斌 王德晓 于华伟 索站超 蔡 笈 吴建荣 蔡翠海
张 雪 李 琦 李伟超 李 琪 吴碧薇

1997 届档案学本科(1993—1997 年)

王伟英 辛 严 徐秋成 殷晓荣 郭团卫 赵淑玲 王俊杰
王化展 徐长梅 何 玲 程坤远 金 凡 杨艳琼 黄遵福
张幼林 张 瑞 冯中强 王付军 苏金平 朱兰兰 郑建锋
曹红英 郑 威 洪 华 尤建设 王跃立 王 霞 孟晓华
撖 玉 王同阳

1998 届图书馆学本科(1994—1998 年)

安向前 包 河 高 峰 高俊宽 薛 燕 郭丛莲 胡春民
林建华 马红春 明 海 宋 瑞 汪 浩 王爱峰 王俭敏

韦金良 魏民峰 吴战卫 胡红军 许晓静 姚维保 张曼玲
张铁柱 张现龙 郑 龙 周国华

1998届档案学本科(1994—1998年)

艾爱文 柴际坡 陈正文 翟向前 冯战军 韩红磊 李 佳
梁 东 刘江萍 秦永纪 秦中玉 尚云芳 司 娟 孙拥军
田 煜 王贵华 王纪玲 王庆龙 王胜虎 吴炳钊 杨志勇
殷帅永 张长海 张建省 张金勇 张振豪 赵 颖 朱亚玲

1999届图书馆学本科(1995—1999年)

丁华伟 蔡翠海 柴燕粉 李 祺 王艳军 马素梅 王德晓
吴建蓉 吉丽娟 吴碧薇 张 雪 常 莉 李 琦 李伟超
于万超 蔡 弢 郭 彬 索站超 王兰敬

1999届档案学本科(1995—1999年)

崔海云 段和伟 耿 丽 郭 敏 何仲为 黄红梅 李荣伟
梁素萍 梁艳苹 刘建东 王 永 王海波 王军杰 杨 啸
易志国 岳宗伟 张 晓

2000届图书馆学本科(1996—2000年)

杜 刚 樊 普 李广霞 李 华 李振红 梁 涛 刘成贺
聂京波 王生才 王 伟 韦景竹 魏贻坡 武利红 张俊华
张守民 张 翔 张 燕 张 展

2001届图书馆学本科(1997—2001年)

常丽洁 陈继海 陈学敏 段 莹 候瑞芳 胡 辉 金淑娜
李 飞 李 静 李大信 李东晓 李燕波 李姝娟 刘贺锋
史艳丽 孙金娟 王 静 王秀华 吴 昊 武永娜 张松顷
赵利英 周卓丽 朱正阳 邹桂香 刘禄峰

2001 届档案学本科(1997—2001 年)

蔡敏生	董晓玲	杜海举	郭松涛	何金龙	胡文靖	贾少广
贾亚洲	李文龙	李新利	廖　杰	刘剑锋	刘永航	路俊峰
茹平静	石　珂	史文志	王大宾	王妙利	王卫峰	杨冬艳
张会超	张江珊	张军涛	赵建中	赵明辉	闫彩琴	

2002 届图书馆学本科(1998—2002 年)

陈含章	崔双红	郭趁心	郭自宽	洪　斌	胡选振	姜利华
李　然	路明涛	吕润宏	马晓军	宋迎迎	孙悦民	王　蕾
王　平	王　勇	王晶云	王上进	王世豪	徐丽艳	徐新艳
杨　斌	张　丰	张红岩	张加红	张军华		

2003 届图书馆学本科(1999—2003 年)

陈艳伟	崔　蕾	董建廷	洪　飞	蒋先晓	李家儒	李建军
刘建军	马刘凤	马新蕾	汪伟涛	王景兰	王　敏	王文志
王晓华	王亚锦	王燕红	吴　航	杨广锋	杨新泽	尤江东
张　立	张晓霞	郑艳平				

2003 届档案学本科(1999—2003 年)

丁　炜	丁　鑫	范保成	付素素	归旭辉	郭传林	何红霞
孔冬青	孔政龙	李孝华	刘　静	刘艳红	柳凤敏	马燕娜
牛淑娟	乔　珂	孙丽丽	吴艺博	徐映霞	杨　茹	岳广耀
张国飞	赵　莉	周占旭				

2003 届信息管理与信息系统本科(1999—2003 年)

曹颖颐	常艳丽	陈　刚	陈　刚	陈慧民	陈建国	陈文龙
陈晓光	成沃野	翟远亮	杜　剑	樊红雷	范艳伟	范志雯
付现伟	高　岩	镐　远	古伟涛	郭慧霞	郭遂峰	郭永杰

胡翠平 胡宏峰 胡　鹏 胡晓利 黄　杰 霍小卫 纪海燕
姜彩云 姜　燕 金兴位 金　洋 靳晓恩 李桂英 李　宁
李书娟 李　涛 李文生 李彦明 李　扬 连　煜 梁　培
刘艳敏 刘　燕 娄向前 毛利均 米　莉 石　伟 宋信强
唐慧敏 田　地 田发江 万继红 王　鹏 王少华 王卫国
王新强 王亚南 王振魁 魏贺生 夏沛龙 肖志向 徐庆伟
杨承梁 杨德良 杨　瑾 于　秀 张超锋 张春燕 张丽娜
张利鹏 张瑞芳 张松鸽 张太恒 张　涛 张相启 张运成
张志浩 赵　雷 赵　攀 赵　雯 郑红星 周爱琴 周晓宾
朱春丽 部海燕

2004 届图书馆学本科(2000—2004 年)

浮凤娟 郭全忠 胡献慧 贾晓辉 姜瑞其 李　椿 李利君
刘　涛 卢胜云 鲁　欣 乔文渊 王彬彬 王宏娟 王慧茹
王　英 王莹莹 夏　凡 薛作林 袁　静 张　敏 张　朋
张启乾 张智勇 赵一帆 周　静 朱会军 蔺梦华

2004 届档案学本科(2000—2004 年)

程　杰 杜　娟 胡明海 姜婷婷 康　沛 李进青 刘丹红
刘　莉 刘亚菲 罗　欣 施薇薇 石帅兵 舒雪冬 涂瑞娜
王海燕 王会粉 王伟国 王欣明 王宜丽 魏　斌 魏　雯
吴大海 武宗锋 许凤姣 杨逸飞 张　强 张玉铁 周　宇
祝　洁 左　琳

2004 届信息管理与信息系统本科(2000—2004 年)

常　飞 常宏梅 陈竞华 陈鲁平 陈　玮 翟金侠 翟玮倩
杜　伟 段灵珍 段勇辉 方业永 费　超 冯乐平 韩　毅
黄娜娜 黄　艳 霍明奎 贾光普 李　冰 李　嘉 李建林
李金朋 李　莉 李　岩 李振峰 李娜娜 栗志果 梁琳琳

梁新庆　刘春玲　刘会军　刘建超　刘　军　刘素军　刘　妍
鲁春丽　吕尽轩　吕美丽　罗军伟　马卫东　马艳霞　梅杏莉
苗娥雅　尚淑娟　时玉方　史建设　史俊李　孙芳璐　孙继红
王邓磊　王红华　王　欢　王　磊　王孟军　王珊珊　王书站
王　爽　王天笑　王　轩　王　宇　魏　云　吴国强　吴艳辉
吴　昊　武景兴　杨国强　杨　凯　叶志轩　袁培生　袁晓娜
袁宗军　岳　颀　张宗伟　张焕梅　张建萍　张军岳　张　磊
张　利　张　品　张帅伟　张永辉　张　宇　赵海霞　赵帅卿
周丽娟　周　琳　周伟锋　闫　伟　梅飞虎　邓　欢　刘钟涛
韩　杰　丁小团　胡　方　兰学奇　刘利杰　秦兴辉　魏　冰
余　存　张　扬　张志红　邓敬萍　贾红云　王丰亚　王晶晶
周艳磊　邹宝玉　严兴春　朱冬进　王迪滨　孙元芳　王雪峰
闫东霞　王海旺　邵　杰　王　薇　夏胜丹　郑　燕　田茂胜
邢庆龙　黄永初　李余一　刘元生　魏　斌　杨胜利　张　波
张跃超　赵晓坤　郭青玲　李艳霞　王　会　周绘丽　杜先胜
肖腾飞　李巧龙　陈利元　豆全刚　薛毅飞　顾志鹏　王　芳
刘　糖　翟　宁　苏　瑞　林智莹　甘　勇　王家顺　张　乐

2005 届图书馆学本科（2001—2005 年）

陈　宁　陈　莹　陈永光　丁献峰　樊晓明　范鹏飞　耿云亮
郭　军　郭晓亮　韩冠丽　李高峰　李红娟　李金建　李　军
刘千利　刘宛珍　刘晓霞　刘　瑜　刘　晔　马冬冬　牛艳彩
齐银波　申　峰　宋国臣　宋海艳　王世月　王运显　王岚霞
魏现辉　吴　帅　徐　速　颜海亮　于淑霞　张建中　张新鹤
张银岭　赵　刚　赵　鹏　朱艳华

2005 届档案学本科（2001—2005 年）

陈丽娟　陈彦英　冯阳飏　关海燕　蒋耀伟　康雅星　李　娟
李宗富　刘俊凯　刘俊伟　宋彩珍　童志银　王　芳　王　涛

王永刚 杨金璐 张金栋 张瑞瑞 张　欣 张秀琴 张振雷
闫　政

2005 届信息管理与信息系统本科(2001—2005 年)

高　翔 高慧玲 林宜春 崔　斌 曹　铂 陈得宽 陈良金
陈晓丹 楚明钦 邓　荣 邓　玮 董风暴 董艳功 董　晔
豆银平 杜亚涛 杜艳敏 段亚莉 樊永辉 范永亮 丰淦锋
冯　明 付甜杰 高兵兵 郭庆勋 郭　坦 郭燕随 韩晶晶
韩万里 郝超生 和富伟 侯彩迪 忽超锋 胡　博 胡亦笑
胡永辉 黄　蕊 黄睽睽 惠　静 姜培培 江莉莉 靳　明
康平立 康松林 雷文娟 黎　霞 李　杰 李朝锋 李焕利
李　继 李娟娟 李利娟 李　奇 李三民 李田华 李　伟
李　伟 李　焰 李　艺 李永堂 李宇宽 李中华 李　峥
栗动琴 刘　维 刘聪雅 刘广辉 刘洪丰 刘建波 刘金榜
刘明建 刘摩天 刘瑞雪 刘卫峰 刘晓丽 刘新永 刘跃伟
刘　轲 马　韧 马　琦 毛传勇 梅　超 苗　菲 莫祖英
穆守旭 牛金国 牛中强 潘　瑛 庞念念 齐　政 乔　洁
屈骏伟 权　琪 沙胜南 申　慧 石振红 时　坤 宋　博
宋志坚 孙逸群 汤作义 唐永强 陶　鹏 王　刚 王国亮
王海林 王继鹏 王　佳 王剑辉 王　静 王敬芝 王君君
王孟轲 王　宁 王平平 王日花 王瑞卿 王帅领 王　涛
王喜凤 王晓东 王艳敏 王耀辉 王永超 王元锋 王章旺
王　政 王志涛 王总辉 王囡囡 魏红恩 魏勇敢 魏玉金
魏　炜 吴　辰 吴　鸣 吴永生 吴永涛 武建伟 务　云
席志刚 夏应成 肖　波 谢　尧 徐　静 许晓二 许玉杯
严庆辉 杨道先 杨海超 杨俊娜 杨　伟 杨晓鹿 杨旭罡
杨元尊 杨　哲 杨志鹏 尹向前 尤　婧 于晓东 余　田
余永祥 余昀烽 郁志豪 袁旦辉 袁东辉 袁红霏 袁靖波
曾光强 曾雷甫 张兵战 张成献 张东根 张国东 张华伟

张俊良　张开宗　张　磊　张　丽　张　琳　张　宁　张　鹏
张　伟　张文良　张晓博　张晓恒　张新峰　张元林　张跃宏
张志华　张玮玮　张瑜若　赵　冰　赵金艳　赵　亮　赵善肖
郑化浦　郑立林　郑文娟　钟　江　周　华　周　平　周　然
周望尘　周燕燕　周洋洋　周　珂　朱　丹　朱　琨　邹　亮
佘振丹　闫军辉　文　赛　周　雷

2006 届图书馆学本科(2002—2006 年)

田利娟　郭　垚　杨锦锦　蔡子聪　霍艳芳　李海霞　赵文媛
吴小龙　李会芳　葛文洁　张　倩　冯　佳　夏素敏　关水利
刘洁静　李　晋　李　占　赵　凯　陈欢欢　杜志刚　宋亚娟
赵文彬　张胜兰　陈森耀　徐　广　惠　刚

2006 届档案学本科(2002—2006 年)

黄亚鸽　秦永辉　吴逢刚　段　瑜　高孟娟　马晓方　郜攀攀
张昆鹏　孙战华　蒋　晗　范璟玉　关平丽　王红伟　李　苑
马　磊　姚　宁　赫金辉　徐雪平　贾钰超　段丹丹　赵永刚
方志田　高东星　徐　菁　胡孝梅　王志永　陈顺利　范永庆
毛雅娴　常　勇　关翠利

2006 届信息管理与信息系统本科(2002—2006 年)

张亚鹏　梁俊峰　张慧娜　张建国　胡现玲　张海龙　刘君涛
梁　涛　张利锋　赵　阳　闫晓妍　李文峰　王正武　卢振华
杨兴磊　路利光　王　帅　贾立祥　张青甫　芦　伟　程明亮
王国强　杜艳艳　张　芳　贾维星　刘　超　郭瑞娟　万要军
陈丹丹　林　琳　樊军伟　段艳丽　刘亚滨　周颖达　魏传奇
李天翔　刘秋玲　贺　娜　马艳磊　刘思源　胡立忠　马　鸣
张明铭　赵　毅　王士伟　张　显　刘少卿　唐保新　张　梁
吴小华　罗煜辉　齐志民　陈　刚　张德静　杨虎琦　徐燕梅

祝 磊	徐德鹏	王东阳	王吴兵	董广涛	赵红杰	靳双梅
张 雨	武应涛	郝朋飞	程新全	董莹男	张 静	温芳芳
崔晓利	邓自干	颜淑芳	张京选	苗 珍	赛文纲	张继光
安 峰	程 旭	周志佳	宋保真	赵 亮	孙秀娟	王 冲
何茂云	张俊娜	杜 涛	张素平	王 帅	孔永进	李素梅
胡志远	黄海鹏	张军伟	王 婧	钟 娜	赵春辉	高理峰
安东阳	陈长保	张 立	左小龙	陶 冶	丁克燕	刘泽磊
李玉柱	路明多	李大帅	赵 超	李勃皞	刘 洋	江芳正
薛广民	解 朋	李靖翌	马 胤	许芳伟	白光祖	

2007 届图书馆学本科（2003—2007 年）

丁 良	豆志磊	杜俊慧	付 强	黄继超	金洁洁	李宝宝
李 磊	李艳梅	刘海丽	陆晓曦	秦明文	束荣荣	王丽蕊
王真真	王志勇	闫士娇	杨红丁	杨佳鸣	杨金彪	杨新安
赵志豪	郑国泛	周 伟	孟祥凤	刘芦尧		

2007 届档案学本科（2003—2007 年）

曹家豪	常 磊	陈潞辉	成杏丽	韩晨昀	赫玉杰	李文杰
陆懿琦	孟祥喜	秦晓雷	史方圆	司会军	苏 可	孙金宝
王春晖	王文超	吴 杰	谢东伟	杨 志	姚东林	于明涛
喻 杰	湛开升	张广涛	张海敏	张文明	赵小强	佀洪伟

2007 届信息管理与信息系统本科（2003—2007 年）

郭建军	丁 威	杜遂超	高 航	高利军	黄默丽	黄鑫烁
贾宗豹	金静静	李德龙	李东生	刘庆勋	孟宪生	闵 静
任 杰	史新伟	索一帆	万兰婷	王纯杰	王清飞	王晓静
王艳霞	王颖杰	王占勇	魏彦波	温 杰	吴志勇	向 鑫
徐 冉	许胜伟	袁小芳	张 英	朱春风	刘洪秋	陈振华
单 琨	冯小东	付兴飞	郝麦菊	桓幸幸	李翠霞	李欢欢

李心怡	粟　方	刘　芳	刘海涛	刘华臣	刘晓光	刘新新
刘亚辉	卢　玮	马雪颖	秦东方	孙耀光	吴广杰	徐　萌
许荣荣	杨国军	杨　婧	袁诚业	张春林	张继永	张彦宽
赵旭帅	朱泰州	游焱玉	祝　贺	蔡金伟	程玉友	冯永亮
符润祯	高丽芝	高勇平	贺瑞朋	霍　艳	季恒芳	金智剑
雷振涛	李　坤	李　鹏	李启超	李小刚	吕　嘉	马翔鹏
彭学华	任　亮	申石国	史乃坤	王　峰	王国耀	王丽婷
王　娜	王亚昭	吴书杰	吴延甲	徐丽丽	张　旭	张志争
赵晓鹏	朱丹侠	黄信商				

2008 届图书馆学本科（2004—2008 年）

李宗涛	张石光	安小冰	陈必坤	崔莉伟	董　玮	董小可
高　洋	韩会彬	黎　明	李付忠	李海霞	李　媛	连方拓
鲁　宁	乔海燕	申艳丽	石永党	王　丹	王秀粉	吴坤艳
杨　琪	姚秦涛	尹高磊	袁金会	张艳丽	朱　娟	皇甫蓬岛

2008 届档案学本科（2004—2008 年）

步青云	丁玲玲	高　明	黄宝山	黄金育	李春宇	李　哲
刘　靖	刘乐意	刘双权	马　鹏	孟飞旺	彭晓琦	邵天阳
苏　洲	唐　克	徐　颖	张丰国	张　贞	赵景超	赵　鹏
朱孔贤	庄绪榕	黄宝山				

2008 届信息管理与信息系统本科（2004—2008 年）

白惠文	蔡文娟	陈　玉	崔继峰	董丹华	董　智	郝靖波
蒋芳剑	李　斌	李玲丽	李岐成	李银花	梁兵玉	孟　骞
秦盼盼	曲卫星	王　军	王玲玉	王世杰	王文文	王雪静
王玉东	吴振勇	肖由东	谢　晋	薛伟亮	杨小敏	张东映
张　靖	张盼盼	赵　岩	周　珂	朱晓委	范生全	范雄男
虢莉莉	韩刚刚	胡文杰	康珠峰	寇玉英	李红斌	栗文超

刘　建	刘　念	刘偌潆	刘艳华	任　超	苏晓辉	涂广孝
王大鹏	王红星	王俊伟	王　琳	夏秋菊	幸　娅	徐颖娟
许炎朋	闫　丹	杨茹茹	詹才成	张顶方	张　培	张雪领
张　赟	赵　光	赵　旭	崔留杰	崔升麒	邓　英	丁军艳
段　婷	高文鹏	顾　峰	郭　伟	韩　芳	韩海霞	皇甫背红
黄翼彪	吉祖海	蒋　鹏	靳庆康	李金彪	李士亮	李小军
林叶茂	刘福家	刘志杰	卢学伟	秦兆欢	尚　莹	史冬梅
苏红伟	王　恩	王利平	王世成	文金书	杨普旭	尹吉星
曾凡鑫	詹水娟	张　恒	张玉辉	林业茂	梁世辉	

2009 届图书馆学本科(2005—2009 年)

曹　森	陈光奇	陈　宇	代宁宁	黄美灵	库方婷	李春秋
李　倩	李晓东	李云霞	李　振	刘志威	马娟娟	缪　磊
王　帅	王晓璐	王　欣	王亚平	肖晶晶	徐连东	袁　露
张向丽	张旭升	赵小山	周彬彬	邹新贝		

2009 届档案学本科(2005—2009 年)

王　香	陈　飞	陈　婧	邓　惠	丁璐璐	付云飞	郭喻楠
和梦吉	江　静	李观生	李华莹	李　晶	宋晓廷	孙　冰
孙君子	王蓓蓓	王海森	王丽娜	王　璐	韦英芬	魏振国
伍　莎	于凤芝	郑淼磊	朱梁靓			

2009 届信息管理与信息系统本科(2005—2009 年)

陈艳伟	陈宇博	丁　宇	董彩芸	高　凡	高　琼	戈启明
郭贵梅	兰晓义	李思舒	刘　鹏	刘玉良	路世玲	马　丽
牛新建	尚伟龙	王馨苑	王燕军	魏　剑	伍剑戟	薛淑霞
叶洪斌	尹宏明	原欣欣	詹永俊	张保喜	张凯敏	张　璐
赵纯波	赵　龙	郑静静	郑　巧	周秀明	陈　亮	陈　夏
储水乐	范大伟	海立艳	金　来	金志程	雷　军	李军建

李　明　李平辉　李占垒　刘　辰　刘春静　龙世忠　马江贞
潘玉珠　任锋瑞　谭双岸　佟建飞　王立磊　王仁飞　吴　静
徐　鹤　杨仕翔　姚东方　袁树涛　张晋朝　张　晶　张凯翔
张朋朋　张少锋　赵迎光　周小娜　朱雪真　陈　波　樊夏红
范淑杰　胡汝秋　黄　河　黄志云　姜　品　李　慧　李世长
李小龙　李晓梅　李志芳　刘金伟　骆小峰　马　勤　沙　菲
孙国永　孙淑兰　汪　飞　王家林　王昆明　王仕奇　魏　彬
肖　巍　易彬彬　张慧颖　张京京　张锐涛　赵刚峰　郑靖坤
郑凯文　郑　征　朱　亮　张凯敏

2010 届图书馆学本科（2006—2010 年）

程　翔　邓　静　郭奕冰　黄　丹　晋祎一　李冰华　李仁勇
李银铃　刘　萍　郭　秀　李　娜　李　静　鲁玉博　马威宇
乔绿茵　荣艳平　宋彦彦　王建娟　王金哲　张　恒　王　倩
王义倩　娄亚奇　薛艳玲　张丹丹　赵夏乙　赵勋伟　孙雷涛

2010 届档案学本科（2006—2010 年）

曹俊峰　常方圆　陈　洁　陈相先　楚栋梁　段德恒　范闯闯
顾彦彦　化燕楠　李丛珊　李俊朋　李　行　李雨潜　刘　乐
刘　玉　马　征　沈龙梅　田　铮　王吉垒　王雪雪　毋非非
夏　帆　赵　晨　闫好东　闫晓创　上官雷锋

2010 届信息管理和信息系统本科（2006—2010 年）

白利娜　蔡大力　曹水华　陈　威　陈圆圆　陈泯利　邓宝麟
邓奇龙　董冰冰　段雲卿　冯红军　傅　娟　付星辉　韩　爱
何　欢　何晓霞　贺红强　侯保坤　侯文菲　黄素珍　黄玉琴
姬莉莉　姜　平　晋英子　李爱允　李继涛　李俊慧　李俊杰
李琳琳　李敏娟　李明明　李志军　李　琛　梁晓婷　廖　韬
刘鹏飞　刘启元　刘　伟　刘晓申　刘　燕　刘志伟　芦　姗

吕代见 吕孟洵 罗城伟 马俊乾 孟令培 苗力犁 潘强强
裴娓娓 任 博 尚炜炜 沈 斌 宋 闯 苏晓光 孙 腾
孙文军 孙 楠 谭 女 田道林 田 森 王邦利 王翠翠
王 慧 王 凯 王凯鹏 王丽敏 王丽娜 王盼盼 王鹏程
王启宾 王晓梅 王小锋 王玉婷 王珍珍 吴明明 吴 瑞
肖立波 杨会荣 杨俊丽 杨 洋 杨永美 杨 渊 杨忠斌
易云跃 殷景华 尤 阳 于万东 喻向前 张东升 张 纲
张国龙 张海港 周 芳 周小涛 周 欣 周 珂 朱 乔
朱有良 主慧玉 仝双莉 窦立勇

2011 届图书馆学本科(2007—2011 年)

常 飞 陈效萱 程瀚尉 程珊珊 樊 沛 关莹莹 郭淑雅
贾田艺 蒋幸幸 李 珂 李 宁 聂仕倩 齐晓晓 秦 飞
苏 斌 王改丽 王红涛 王 姣 王 玮 王小曼 王 智
吴 珂 姚 昕 张 旻 杨庆超

2011 届档案学本科(2007—2011 年)

张苏杭 安 威 方呈武 冯占江 郝佩佩 李 静 李 哲
刘 培 刘荣国 刘源洁 娄晶晶 鲁泽行 罗文武 马 丹
宁现伟 时阿明 万向婷 王 敏 王艳贞 王玉龙 吴文瀚
杨 巍 杨永钢 翟云云 张 健 张胜群 赵 雯 周 兵
朱 静 朱晓珂 朱志赟 皇甫福星

2011 届信息管理与信息系统本科(2007—2011 年)

杨超强 石 瑜 曹晓光 郭 营 孔学姣 李 波 李军伟
李坤磊 李思思 路高飞 马 婧 寿先阅 苏 源 孔亭文
王林武 王全奉 魏文鸽 肖柳杰 徐 峰 薛鸿超 闫欣欣
杨凤岭 杨 杉 叶 颖 张 冬 周 博 朱先凯 曹文举
丁 楠 胡长超 李 涛 李雪梅 刘灿启 刘朝霞 刘 洋

刘　耀　罗照军　马雨萌　苗永祥　彭焕然　邱条明　舒　笛
王　乐　王　璐　王卫欣　夏　航　肖　琼　杨慧娟　张海静
张　辉　郑吉庆　陈　丹　程　帅　樊东亮　高会中　郭海燕
江佳辉　李欣杭　李　越　梁晶晶　刘青利　任佳佳　任月时
宋　宁　帖　华　仝召娟　万顺兴　王保华　王春梅　王伟亮
吴以锋　殷　放　张端阳　张肖肖　赵　扬　郑嘉慧　闫卫星
费志远

2012 届图书馆学本科(2008—2012 年)

白　旭　曹冬利　曹红梅　曹晓东　董晓颖　高孟娜　龚旭静
韩永兴　孔令超　李白杨　李灵慧　李晓丹　李雪菲　刘　凯
刘　青　刘　琬　刘岩岩　刘元涛　卢　俊　罗旖晴　庆　捷
宋晶晶　苏海燕　孙长更　王　进　吴　姗　夏　超　邢晓帅
张　淼　张晓璐　赵将华　朱瑞霞

2012 届档案学本科(2008—2012 年)

陈天培　崔丽明　范珏萁　房佳慧　冯　持　郝晓龙　胡均伟
贾赛赛　李众恺　刘海鹏　邱　桐　宋晓鹏　王　彪　王　欢
王金龙　王　昕　王轶琼　吴　龙　许　璐　燕　梅　杨　晨
杨灵丽　杨明辉　杨习华　原良娇　张亚超　张艳飞　张永强
张于兴　张志鹏

2012 届信息管理与信息系统本科(2008—2012 年)

代晨曦　豆淑云　郭风霞　韩　阳　洪先锋　胡　伟　胡兆震
黄超强　黄先锋　季　然　贾江龙　梁园园　刘光洛　刘玮玮
罗　飞　马晓瑜　彭亚丁　彭云海　齐楠楠　荣梓辰　史双青
宋　蕾　宋振一　汪　滋　王方超　王全玲　王中亮　邢　萌
闫华涛　叶宏伟　袁　琼　苑永涛　张刘彬　张婷婷　张旭霞
张亚明　张玉刚　钟巧灵　周春阳　周艳伟　陈从坤　冯骁聪

管　磊　郝　爽　江银凤　李静嵛　李　可　李　宁　李邵飞
李帅磊　李韫慧　刘　静　刘良才　刘婷婷　马春森　马　爽
孟　磊　彭崇贵　丘伟辰　邱雨露　宋晓娇　王佳佳　王　静
王胜利　王　妍　王　艳　魏　超　吴　龙　吴小伟　肖　飞
肖　文　肖　杨　信书军　徐　晗　轩双霞　杨海龙　张梦鸽
张　显　张亚红　周　祥　金　钊　吴圣杰　周小恩　孙文芳
苏双双

2013 届图书馆学本科（2009—2013 年）

陈海波　陈　兰　陈镁铧　丁　娜　董　真　郭　佳　郭琳芳
贾文婕　李成龙　李冠春　刘肖肖　刘一帆　刘玉洁　孟桂华
任伟伟　王蒙蒙　杨　丹　杨　柳　杨　倩　杨　阳　杨　洋
姚春燕　张嘉宝　张利冰　张颖颖　赵晓杉　赵　心

2013 届档案学本科（2009—2013 年）

常大伟　崔凌雲　邓杰中　丁红玉　豆祖辉　郭故事　郭秀丽
郭艳雪　姬申建　康　彤　李亚婷　梁晓丹　刘海军　刘晶晶
刘卫东　刘　帅　卢婷婷　路江曼　罗　贺　罗自辉　马双双
牛琳琳　乔　俏　王艺璇　王志伟　卫昕欣　谢童柱　熊雪纯
杨晓瑞　叶支欧　余恺辛　张　佳　张丽静　张雅琪　张振亚
张中阳

2013 届信息管理与信息系统本科（2009—2013 年）

常　桢　陈　磊　陈礼俊　陈晓英　董亮华　樊向伟　付灵丽
高　婷　贵淑婷　郭　婷　韩璟瑶　何　欣　贺　松　李欢样
李伟华　李　严　李艳杰　李　瑶　梁双双　梁新博　刘彩云
刘文娟　刘瑜维　毛琛瑜　牟　佩　穆娅新　司世旭　隋　广
王　莉　王中勒　书纯凯　杨继风　杨茂国　杨娅茹　张　浩
张秋霞　张自强　陈付菲　陈志宁　程定胜　崔婉秋　董丽萍

费超群　郭翠红　韩　灿　胡春晖　胡启明　霍肖宇　季元魁
李　丽　李文彬　刘财政　刘　欢　刘　洁　刘　茜　刘　霄
刘　源　慕慧鸽　邱玉玲　宋龙飞　田二琴　汪　洋　王　翠
王明辉　王中晶　吴华伟　杨海娟　杨文棚　姚胜楠　殷希红
余　敏　运艳霞　张　兵　张青青　张　幸　朱鹏辉　李佳佳
刘伟强

2014 届图书馆学本科（2010—2014 年）

陈少芳　冯　琳　冯佩茹　郭景洋　郭　芮　侯利娟　黄梦竹
黄　尚　蒋丹阳　蒋腾达　李继平　李　佳　李儒银　李若薇
李诗苗　刘三利　马洁琼　潘秋玉　宋晓雨　孙　灿　王博文
王金叶　王秋金　王　帅　王振蒙　邢　博　闫晨刚　闫　坤
杨曼菲　张静良　赵腾达

2014 届档案学本科（2010—2014 年）

杜灵权　高胜楠　高天元　侯　琳　黄文静　靳佳丽　荆博丹
李　辉　李慧敏　李夏菲　李雪阳　李玉飞　李至楠　林晓林
刘开蒙　刘　晓　罗海舰　孟笑奕　牛长红　史云鹏　苏炜杰
孙洋洋　王克祥　王丽华　徐晓莎　闫　冬　杨　启　叶丽华
易安琪　喻　珩　翟冬彬　张皓晨　张灵阁　赵　果　赵　琼
赵亚楠　董一超

2014 届信息管理与信息系统本科（2010—2014 年）

陈蕾阳　陈文霞　丁建梅　董莎莎　范会方　方卫信　郭　敏
黄　亮　黄　威　李　萌　李蒙飞　刘春廷　刘娜新　刘艳飞
刘　扬　彭　凯　钱　浩　宋智慧　孙国超　唐　婕　王　灿
王　榕　王亚茹　韦燕婷　魏贺礼　尹亚丽　印　康　翟莉莉
詹刘寒　张　君　张　坤　张　璐　张卫辞　张心源　张　泽
张志藏　郑丽琼　朱向林　朱　滢　祝小艺　拜紫辉　陈永抗

陈子琦 邓忠坚 丁培培 方侠辉 傅维刚 何　娅 侯泽华
胡冬冬 黄成龙 黄林弘 吉亚美 金晓飞 李俊丽 李　平
林　菁 刘化明 刘俊涛 刘　晓 刘宇婷 马江超 马楠楠
马小丽 苏乃文 王彩笛 王全义 王　伟 王　玮 吴星寒
武昭宇 许丽梅 闫新亚 于艳敏 张承辰 张　璇 张亚莉
赵林丛 周婷婷 欧阳秋豪

2015 届图书馆学本科(2011—2015 年)

白　博 陈丽娟 程　凯 方　南 赖　彤 李寒菲 李晓旭
刘　玎 刘志森 孟令茜 钱睿博 森浩然 屈亚杰 孙浩东
孙一丹 田　园 王春迎 许婉璐 贠兆麟 袁珍珍 袁综综
张　琦 张　馨 周古玥 赵晓晨

2015 届档案学本科(2011—2015 年)

曹佳瑜 曹　源 常　诚 常丽丽 典亚娇 郭　婳 韩云惠
贾聪聪 孔　强 李　娜 李思艺 刘亚茹 刘　阳 鲁艺兰
马钰荟 沈　贺 孙东停 童怡雯 王彩虹 王天中 王小彦
王亚梦 闫颖颖 张合林 张香玲 邹婧雅 曹丹蕾

2015 届信息管理与信息系统本科(2011—2015 年)

白　鸽 常丹凤 陈　晨 陈　雪 杜文平 付学博 何宇钦
贾艾婧 蒋久栋 蒋晓叶 劳桂金 李国华 李　慧 李　坚
李露琪 李向举 李　岩 马　琳 任帅兵 邵旭红 王丽萍
王新宇 王　旭 吴　瑶 徐二林 闫振斌 袁　朗 占翔飞
张　宏 张凯亮 张艺瑶 赵玉峰 周彩林 朱　坚 崔　燚
蔡蒙蒙 曹　迪 常珍珠 陈芳瑾 陈会敏 傅　雷 关盈夏
郭宝亭 郭志成 何　荷 胡青岭 黄　琪 靳雅琦 李　琦
李　涛 刘　斌 刘文阳 刘云飞 路　鹏 吕琳露 马云飞
毛国宾 莫艺坚 潘学乔 覃国雷 覃李短 谭雅文 王欢欢

王宇行 伍　超 邢贞震 徐亚凯 叶小宇 于忠安 张淑楠
朱丽亭

2016 届档案学本科(2012—2016 年)

崔雯雯 付家炜 郭亚楠 杭亚娟 侯一帆 姬荣伟 李白杨
李婷婷 李晓培 刘　玥 渠璇姿 王　笛 王　璐 王艳丽
王智博 温　博 吴佳林 吴　巍 杨滨瑜 姚博文 余焕漳
余　尧 张九沛 张　丽 张　巍 赵翊新 彭　超

2016 届图书馆学本科(2012—2016 年)

陈　蒙 崔　然 冯凯丽 贾芳博 焦　洁 晋　升 李　丹
李　皓 李瑞晓 李婷婷 刘德友 马彦飞 苗　淼 石冰心
石庆功 王绍霞 王　滟 韦　鑫 卫同贺 尹翼龙 袁祖笑
翟晨博 张慧枫 张佳琦 张梦丽 张彤坤 张　懿 赵　灿
赵　冬

2016 届信息管理与信息系统本科(2012—2016 年)

蔡　凯 蔡兴琴 蔡瑛杰 单冰冰 杜紫娟 甘婵娟 高　天
葛毓彬 耿士威 龚孚子 桂金龙 韩希望 郝玉霜 黄静静
李雪芹 林非同 林进祯 刘东升 刘乾坤 刘倩瑜 刘　欣
聂孝猛 任丽娟 田侦义 王洪宇 王正威 薛欢欢 义崇来
翟晓瑞 张明月 张　妍 张　雨 赵永生 钟明星 邹春明
左雪英 闭利高 曹　鹏 陈　风 陈　雨 丁思月 杜超楠
樊海燕 韩　星 李皓语 李经洲 李楠楠 李昱瑶 梁艳平
凌晨轩 刘　杰 刘　军 刘清民 陆阳平 马向明 毛一雷
莫雁冰 倪俊甜 秦　潟 任　婷 宋　坤 汤国庆 唐德亮
王雪杰 王　琰 吴志恒 夏李俏 杨超凡 袁铭姝 张晨鸣
张锦萍 郑婷婷 刁山松 黎陛吉 陈　风 左良玉

2017 届档案学本科（2013—2017 年）

曹 冉 陈家业 丁梦晓 冯 冰 各玉杰 韩旭阳 姜亚飞
焦小喻 金钰锦 李彩铃 李果元 李佳利 李京珂 李梦瑶
刘睢华 刘燕敏 倪 洋 任文杰 孙舒悦 田 宇 王若为
王晓宇 谢爱芝 徐博文 许惊宇 杨欢欢 张国祥 张荣星
张瑞博 张 珊 张澎雅 张晓晓 张 筱 张义珂 肖志明
于裴晓雨

2017 届图书馆学本科（2013—2017 年）

安 琪 毕胜男 程 欢 丁 燃 丁亚茹 丁 一 郭丹丹
候欢欢 胡 霄 蒋 辰 李巧阳 梁艺莹 林子淇 刘舒仪
茹嘉祎 孙 淦 孙建新 王南南 王小宝 王 雨 卫姝霖
吴柯佳 武玉杰 徐 鑫 闫瑞娜 杨艳敏 袁 颖 翟海龙
张晶晶 张 宁 张少华 张诗悦 朱姣姣 朱娜英 李乾龙
刘顺利 张庆涛 宋 凯 张博雅 王哲潇潇

2017 届信息管理与信息系统本科（2013—2017 年）

班若昀 陈晓文 淳 婷 甘文婷 龚 玥 何 鹏 黄 敏
李 东 李 霜 李 塽 林贤才 刘 传 刘辅斌 刘庆群
刘亚男 刘玉茹 毛春蕾 秦 悦 沈雪莹 宋东桓 孙 豪
万佳琦 万绍伟 王 晶 王 雯 吴美交 吴少聪 肖宏伟
闫 访 杨 康 杨曼艺 姚金松 叶晓峰 余鳞波 张 斐
张 磊 张盼盼 赵晓红 甄海娟 郑 凯 朱 彬 朱俊宇
左 泽 安旭晖 曹 誉 陈 蕊 谌雪萍 范 飞 葛秀秀
韩俊杰 侯晓辉 胡 醒 李灿苹 李高雅 李 骏 李笑莲
李亚梅 李一丹 刘腾文 刘中贵 马 超 潘佳琦 饶瀚梁
任安锋 沈 晨 宋书鹏 孙冰冰 唐国政 田晓蒙 童雅璐
王芳良 王博宇 王雅雯 杨茹楠 叶宇萍 于丰潇 翟丽辉

张焕蒙	张慧	张梦君	张文慧	赵超杰	赵海洋	郑巧伟
朱甜甜	杨天昊	张宏宇	张鑫	牟吴邦		

2018 届图书馆学本科(2014—2018 年)

陈宝楼	陈欣	程志伟	樊国睿	高洒	关云龙	郭晓彤
胡娅芝	黄美秀	黄远波	贾瑞莹	贾文静	鞠红成	李朵
李固稳	刘杰	刘雪梅	刘懿	马文娟	皮佳玲	秦怀珍
石立姝	孙龙慧	孙明伟	涂姗	王刘香	王清鹏	王希
武宁	杨凌云	杨盛楠	义金穗	尹锦育	朱亚龙	李强
王涛	徐人杰	闫世航	尹晖	钟林源	潘天浩	宋雨萋

2018 届档案学本科(2014—2018 年)

曹昭	陈佳丽	崔浩男	崔坤	丁飞帆	何向东	华兴
雷馨雅	李京涛	李乐乐	李侠	刘芮	娄心俊	马若飞
潘梦雅	田德宝	田宁宁	田雪	万昊雯	万瑶	汪泽
王家慧	王嘉甜	吴梦芳	杨柳青	于梦文	余如意	张晗
张浩杰	张丽华	张荣	张雪笛	郭嘉林	杨莹	马贺
黄学蓉	袁丽娜	杨坤				

2018 届信息管理与信息系统本科(2014—2018 年)

曹玲静	曹誉玲	陈莹	程亮	崔天锋	董旭	郝亚钦
胡金涛	胡廷汉	黄华	焦守坤	金亚男	孔祥奕	李寒
李焕焕	李佳卉	李昕霏	李艳	李治亚	林志鹏	刘露
刘子川	孟文华	牛高鸣	冉士兴	孙芳芳	王焕	王倩辉
王晓丹	王艺博	王银山	熊泽润	徐博珏	徐乐	赵健富
赵倩蓉	祝华飚	陈超	陈琳	冯丽	高文科	黄楠
姜晨曦	解喃	黎海妮	李贤	李湘	李志	李志红
廖友金	凌博威	刘然	刘文雅	刘钺	蒲智芳	钱嘉诚
权明喆	史咪娜	谭依雯	王锋	王玲洁	王美琪	王艳艳

魏家泽　魏子瑶　吴博　吴书琼　徐阳　杨贺贺　杨雅楠
杨宇　殷晴　余慧慧　詹镕蔚　张延哲　赵启超　陈兵兵
董弋博　刘晶晶　接韬　李嘉依

2019 届图书馆学本科（2015—2019 年）

陈菁　程钱　程雅茹　董嘉慧　董妍　冯少华　付子雪
洪瑾　李晨光　李昊翰　李杰　李柯锌　李若男　李思敏
刘磊　卢阳　孟圆　绳琳静　石春慧　孙亚楠　唐坤孟
王彩洁　王佳慧　王诗礼　王颖　王雨潇　杨晓艳　姚婧
叶玲　叶彤　易心如　袁月　张佳愉　张颖　周华
党璞碉　马文龙　王卓颖

2019 届档案学本科（2015—2019 年）

蔡翡　曹雅雯　常悦悦　池尚清　崔夕雨　冯妍　郭静
胡安乐　李爱玉　李晨　李家文　廖高飞　刘慧婷　刘洋
庞隽柏　裴雪　彭登辉　任燕飞　谈苏漫　谭茜　唐子闻
王晓燕　王宇阳　肖欢　肖乾　薛兆煊　闫慧　杨慧文
杨兴飞　张家旺　张森　张万顺　赵维维　朱建军　刘璐璐
张超琪

2019 届信息管理与信息系统本科（2015—2019 年）

王曼琦　白丽俊　蔡丽娜　陈黛菲　陈奕冰　关雅琴　胡晓易
蒋昔谋　李丹青　李冉　林娜　刘纪轩　刘盟盟　刘颖
吕玉爽　骆海峰　孟轶聪　穆青　潘梦雪　裴芝延　秦嘉蔚
师文欣　王东亚　王高民　王京超　王倩倩　王娅茹　王彦霏
魏英男　夏睿　袁春远　曾志荣　张峰　张觐博　张婷
周慧芳　朱睿思　朱越念　曹怡静　曹子民　常远　邓锦峰
高亚从　高增辉　郭皓涵　韩宏宇　胡富强　胡明慧　贾静
柯涵　兰苑榕　栗小茜　刘敦芳　吕晗　马婷　潘颖

任娇菡　石甲庚　孙金洲　汪伊利　王　霞　王宇飞　翁小颖
夏婉悦　肖蒙蒙　许自刚　杨焕焕　杨　莎　袁义和　岳帅飞
张宏扬　张佳怡　张蔓苇　赵晓昱　周　瑞　陈以实　毛祥虎
邓粟天　郭书昊　侯宗言　孙金洲　苏　恒

2020 届信息管理与信息系统专业本科（2016—2020 年）

陈　岚　陈倩玉　邓宝莹　董铭堃　方　达　费　亮　龚　哲
胡冰洁　黄俊博　黄　萍　黄珍珍　姜权栗　蒋林俊　李策国
李雨轩　李　赞　梁　茂　林　敏　刘汝旋　刘小涵　刘　杨
孟永帆　潘　琪　时欣雨　苏　琳　田耀华　王聪聪　王晋飞
吴宗仁　肖倩倩　张红岩　张美茹　周宝兴　曹慧丽　樊晓庆
符说武　郭文静　胡文博　黄　群　黄　威　李锦毅　李明林
林紫洛　刘晶可　龙　影　孟　旭　秦淑英　宋欣欣　谭　露
万玉权　王艳林　徐梦凡　杨文卓　杨新彪　于斯一　余怡成
曾庆莹　张　亮　赵　琪　周　芳　杨锦新

2020 届图书馆学本科（2016—2020 年）

陈　红　程博辉　都哲如　杜一秀　方　香　景鹏冲　雷晶晶
李开心　李桃玉　李雪影　李瑶瑶　刘文晴　刘莹莹　刘玉琴
卢　钰　马爽爽　孙振兴　田季鑫　王　佳　王梦锦　温　暖
余　慧　余晓芳　袁婷雅　张晨依　张婧睿　张岚清　张　萌
张　玥　郑冰雪　李华堂　赵海龙

2020 届档案学本科（2016—2020 年）

白路浩　陈建坤　甘韶琪　葛怡斐　郭梦溪　韩彤彤　侯超帆
黄林寅　黄亚鸽　蒋灵慧　李更更　李慧媛　李　丽　李婉娅
李延东　刘佳敏　刘金丽　刘　旭　宋万里　汪琢雅　王宾剑
王晨光　王海华　王鑫羽　吴慧文　杨　晗　尹苏丹　于佳会
于子闪　翟瑞林　张　昊　张欢笑　张　磊　张文宇　朱　琳

2021 届图书馆学本科（2017—2021 年）

贾冰怡 刘 晶 刘秀丽 秦嘉悦 吴千惠 邢新新 徐腾飞
杨金光 张 沛 董俊辉 明 盈 任雪阳 王大龙 王渝文
张罗飞 张文静 张 岩 张卓琳 熊延峰

2021 届档案学本科（2017—2021 年）

曹 明 曾明泽 陈孟思 崔白璐 党少彬 范晨辉 刚 淼
郭纾萍 贺玉林 黄婷婷 李佳梅 刘海丽 刘俊丽 刘 梦
申明月 王 曦 辛 鹏 徐亚娟 袁桂香 宰超然 翟江楠
张惠平 郑睿斌 陈湘莹 程凌云 冯永伟 高星星 侯欣怡
胡姝姝 黄梦薇 蒋聪聪 晋露露 潘 娜 石梦茹 宋 悦
王 坤 吴 敏 徐丁鑫 许文静 薛 沛 闫睿欣 杨晴晴
于 涛 张超旭 张纳昕 张旭春 周 晴 万景超

2021 届信息管理与信息系统本科（2017—2021 年）

安 慧 常舒怡 陈 硕 邓宇扬 范晓航 冯朋渝 郭朝祥
郭瑞康 海孟盈 郝 耀 何逸文 贺学宇 胡秀菁 胡子祎
黄达森 黄智琪 冀星臣 姜 森 焦佳滨 刘子琦 马晨迅
裴 滢 宋思卓 孙晓旭 唐 西 万德涵 王 翠 王 林
王灵萱 温馨怡 徐建国 杨惠智 杨 龙 张亦婷 郑思佳
钟梓维 白 璐 边凯泉 程梦雪 方文凯 巩晓霏 郭宇森
何 丽 何弈锐 贺云帆 胡高伟 雷佳豪 李 浩 李丽娇
刘天露 麦业健 毛绪泽 孟庆辉 任晓晨 石肖肖 史润青
汪 洋 王 晖 王 杰 王孟凯 王若溪 翁晨光 徐晨旭
张芊芊 张天奇 赵嘉瑞 赵英琪

2022 届信息管理与信息系统本科（2018—2022 年）

沈嘉宁 杜雅琳 房 子 高明珠 何佳慧 户 庆 黄北平

黄妙儿 李百宁 李良瑜 李瑞英 刘一聪 麻俊德 毛羽
孟欣欣 莫璐铭 宁镜文 屈俊龙 任瑞媛 孙瑜 孙壮
庹冰倩 王慧敏 王佳豪 王佳怡 王辛雨 王泽 文颖
吴宇歌 谢雨彬 禹熙 张灿灿 张雯雯 张晓蕾 张雪莹
赵桃红 丁威威 方锦坤 冯家静 郭维蓉 韩禄谭 侯冰洁
胡烈堃 李海燕 李慧妍 李柯锦 李宇昊 梁子莹 刘子怡
浦绍敏 乔奕佳 闰欣怡 苏宇辰 孙淑婵 孙雪 谭铂洋
王莉莉 魏子昱 吴兰琦 许帆 杨芳容 杨锐 杨淑珍
叶子琛 余池 袁鹏程 袁雨洁 张嘉 张津豪 张孟伟
赵佩 周紫嫣 朱茜茜 邹梦钰

2022 届图书馆学本科（2018—2022 年）

白慧玉 曾渊博 陈晓敏 董宁波 雷中华 李静雅 李向
栾心萍 孟笑同 王瑞云 王奕丰 王余猛 韦玉华 杨崇
杨晶晶 杨梦柯 曹珂瑞 曹龙盛 曹笑天 李昕 尚梦苑
苏超萍 肖先沛 徐卓琪 赵依桐 郑文静 周金英

2022 届档案学本科（2018—2022 年）

程旭 何梦恩 李苗苗 罗瑞云 秦柯源 盛冰心 石滢滢
宋博 王文博 王亿豪 王珍珍 王子涵 吴若彤 徐喜林
薛林海 杨士杰 应玮 张恒硕 张晓梦 赵人鏊 赵胜男
赵文雅 左曼曼 陈家利 陈瑞娜 单秋贺 董秀月 范风杰
冯艳 葛帅敏 李真儿 刘畅 刘菁菁 马怡琳 马园懿
毛骁涵 孟凯晴 潘杰 石森源 宋媛媛 孙雨 汪明月
吴雨 向晓旭 闫贝贝 岳冠好 赵宇 郑常乐

2023 届档案学本科（2019—2023 年）

范凯 范鑫雨 高广琦 高嘉利 郭杰 郭柯言 胡梦然
黄耀森 贾阳 李嘉滢 李文静 李小飞 刘锡嘉 刘一鸣

刘　园　罗晓格　饶雷帆　宋子轩　苏冲亚　孙鹤洋　孙文娟
陶　竟　王婷婷　王　欣　王新迪　张晓琪　赵　威　孙　颜
毛德禄　魏怡涵　丁子云　柴艺喆　韩雨婷　侯青涵　李雪艳
郭子琪　唐萌萌　郭颖琪　杨静静　禹梦圆　张　静　张　梅
张文静　何　芳　赵君航　闫俊雯

2023 届图书馆学本科（2019—2023 年）

高　昊　闫　森　朱坤豪　孟庆哲　苗含雨　李沛璐　熊元楚
李佩瑶　季洪帆　李　燕　秦天雨　苏　杭　王　悦　吴晓雅
于卓琳　徐雪莹

2023 届信息管理与信息系统本科（2019—2023 年）

陈　晶　陈铭钖　程绍龙　邓国洲　邓琬烨　杜红乾　段淑雅
甘　萍　郭　帆　韩　冰　黄　昊　黄丽欣　李天乐　丁一果
刘梦瑶　刘子敏　龙琦桢　鲁梦楠　吕艳萍　栾慧敏　罗　毅
彭　雯　田舟滨　王爱琴　王雅晴　许潇艺　颜　旭　于心乐
张馨月　章斌斌　蔡淑琦　蔡天浥　陈小敏　陈阳光　崔新宇
符　妍　胡　威　黄冰冰　李良菊　李园园　刘禹岐　牛世元
潘孝锐　钱海峰　宋雨宸　孙瑞志　孙显达　王思君　王天馨
王隐郁　王越凡　吴　光　吴志伟　徐　焜　延敬佩　尹思源
张昀鹏　张卓异　郑成豪　郑梦婷　钟　茜

三 硕士研究生名录

2002 届全日制图书馆学硕士

乔冬梅 潘芳莲

2003 届全日制图书馆学硕士

明 海 高俊宽 武 琳 范 凡 张新宇

2004 届全日制图书馆学硕士

杨 溢 郭少友 吴碧薇 白清礼 李伟超

2005 届全日制图书馆学硕士

刘巧英 马艳霞 卢向东 任全娥 张联锋 邹桂香 杨小龙
王 平

2005 届同等学力图书馆学硕士

魏秀娟 朱 萍 张东华

2006 届全日制图书馆学硕士

王 敏 段 莹 郭育艳 郑 婷 孙文杰 张宏玲 王 博
刘 博 宋迎迎 胡 军

2007 届全日制图书馆学硕士

杜少霞 高 明 姜 燕 乔燕鸿 秦金聚 施宁华 万 妮

王　丁　吴　娜　杨　斌　杨淑萍　袁　静　张新勤　周　宇

2007 届全日制情报学硕士

洪　娜　马　越　庞桂娟　田　甜　王建朋　王玲玲　赵　雷
赵雪峰

2007 届在职图书馆学硕士

杨鲁捷　张加红

2008 届全日制图书馆学硕士

王运显　崔双红　张新杰　王岚霞　李高峰　牛艳彩　申　峰
王洪芳　王瑞珍

2008 届全日制情报学硕士

杨　哲　齐铁臣　吴启琳　武宗锋　孟　玺　贾秀华　朱　琨
马红春　焦克非　赵梅亭　张发亮　段玉思　张红杰　李亚红

2008 届同等学力图书馆学硕士

尤永芝

2008 届在职硕士

阎志华　张　丰　左平熙　李亚梅　杨守霞　郝伟斌　杨向明
孙玉兰

2009 届全日制图书馆学硕士

陈丹丹　冯　佳　关海燕　李　占　荣红涛　田利娟　张会芳
赵春辉　邹　鑫

2009届全日制情报学硕士

王继娜　王　涛　王艳敏　王艺园　王志辉　温芳芳　闫晓妍
游　毅　岳　颀　张　芳　王元锋　陈　豪　陈志鹏　程争锋
丁丽鸽　董广涛　段丹丹　冯建周　冯阳飏　付光宇　郭艳艳
胡永辉　李大帅　李　继　林　琳　刘思源　刘莺迎　秦永辉

2009届在职图书馆学硕士

袁文莉　崔　蕾　高军晓　张　辉　周宏琰　张昕宇　李姝娟
杨　瑾　贺　娜

2009届在职情报学硕士

李国朋　郭兆红

2010届全日制图书馆学硕士

郑　燃　陆晓曦　孟祥凤　李晓鹏　陈　丹　易靖涵　刘金凤
彭秀丽　郭慧霞　贾二鹏　豆志磊　杨方铭　葛洁敏　郭　垚
区雨齐

2010届全日制档案学硕士

崔晓慧　赵小强　孟祥喜　卫　恒　王春晖　刘　珂　张　欣

2010届全日制情报学硕士

许荣荣　王清飞　孙童真　刘　博　张红亮　刘　罡　张文良
刘　洋　张焕梅　高丽芝　祝　贺　刘新新　韩晨昀　黄默丽
吕桂敏　狄娟娟　刘　芳　范　巍　王美玉

2010届在职图书馆学硕士

李书娟　张玲玲　李　恬　曾春先　苏　洁　陈　刚　王艳梅

张玮一 王彬彬 陈 璐 宋国臣 吕润宏 王世豪 吴起立
狄九凤

2010届在职情报学硕士

董建廷 王 萌 王春霞 马 倩 赵 民

2011届全日制图书馆学硕士

卢凤英 张新志 李 颖 赵 瑞 周芬芬 刘洪秋 陈必坤
吴坤艳 李 娜

2011届全日制档案学硕士

李 晶 李 哲 梁艳萍 苏 洲 苏艳平 吴大海

2011届全日制情报学硕士

幸 娅 张 赟 陈 玉 赵 敏 翟秀丽 丁军艳 孔繁清
王 晖 韩 芳 肖由东 孙在全 唐佳佳 邓 英 袁红霏
刘 芬 郭 军 赵 岩 彭学华 王玲玉 刘 涵 秦东方
皇甫青红

2011届同等学力图书馆学硕士

王玉婷 程建民

2011届同等学力硕士

杨新泽 谢会昌 王 双 刘素军 吴义辉 吴艺博 马忠花

2012届全日制图书馆学硕士

王 蕊 王晓璐 王 欣 雷丽莎 纪 辉 魏 玮 王晓美
耿伟杰 杨雪莉 李 倩 李 敏 樊红亮 程荷艳 翟中文
刘月学

2012 届全日制档案学硕士

赵　鹏　刘雨亭　陈　飞　张　佳　朱梁靓　李宗富　刘　娜
王辉凯　姜亚超　韩　双

2012 届全日制情报学硕士

马　勤　谭双岸　原欣欣　周　健　侯志伟　梅泽勇　路世玲
张　倩　田　莉　张　骞　孟　玲　郑森磊　胡喜超　姜　晶
杨彩云　贾光耀　杨志强　程　文　胡　凯　梁　晨　周　琦
张　锁　魏现辉　詹丽华　谷　田

2013 届全日制图书馆学硕士

谢春苗　娄亚奇　吉向阳　王　倩　王建娟　王海霞　马　犍
刘怡君　刘　萍　刘海丽　高　舒

2013 届全日制档案学硕士

牛尧尧　毋非非　刘晓丹　化燕楠　殷湘冬　陈　洁

2013 届全日制情报学硕士

王晓斌　王　宁　刘鹏飞　黄翼彪　黄晓晖　白惠文　郑雪丽
杨　敏　孙淑兰　苏丽娟　刘　思　李平辉　江闪闪　董肃哲
程倩倩

2013 届在职图书馆学硕士

杨美玲

2014 届全日制图书馆学硕士

杨　卉　贾丽莎　姚　昕　骈玲玲　王　佩　刘立宪

2014 届全日制档案学硕士

李　丽　杨永钢　齐晓晓　毛灵芳　郭　静　娄晶晶

2014 届全日制情报学硕士

尚　雨　蔡　妍　许烨婧　程薇薇　毛金龙　魏朋争
闫金双　武　莹　刘小龙　孙圣强　安　明　符　静
郭　营　何　瑞　马　倩

2014 届全日制图书情报硕士

吴　龙　李雨函　赵元斌　刘元涛　李白杨　刘泽龙
庆　捷　王燕平

2014 届在职图书馆学硕士

李　璐　贺淑琴　金洁洁　何金丽　蒋自奎　刘燕方

2014 届在职情报学硕士

王莹莹　陈　涛

2015 届全日制图书馆学硕士

高孟娜　丁欢欢　黄淑勇　李春艳　董高洁　田中梅
段鑫然

2015 届全日制档案学硕士

张婧洁　贾赛赛　李　莹　王丽蕊　秦　溱　康雅星
崔丽明　王　进

2015 届全日制情报学硕士

葛占彪　王晓梅　马　威　任　欣　王　冰　张　鑫

黄　珊　李庆赛　王慧芳　董　妍　李思思　李国霖
王霄文　刘坤锋

2015 届全日制图书情报硕士

李冰莹　郭秀丽　王　新　梁　娅　高胜男　苏　琳
赵亦可　段莹茹　刘　涛　石晓真　韩秀珍　张春慧

2015 届在职同等学力图书馆学硕士

柴　森　张亚影

2015 届在职同等学力档案学硕士

张广涛

2015 届在职同等学力情报学硕士

丁养志

2016 届全日制图书馆学硕士

郭晓柯　刘云飞　王　茜　易　畅

2016 届全日制档案学硕士

常大伟　陈　旭　窦孟君　李冉冉　马双双　张　洁
张雪亭　张芷筠

2016 届全日制情报学硕士

常　桢　窦　畅　李　帅　刘文娟　齐俊景　许大辰
闫　励　张　芮　张晓彤　周瑞杰　周首领　周　婷
周文迪

2016 届全日制图书情报硕士

陈镁铧 陈志宁 黄明夏 靳佳丽 井 方 李黎明
李雪阳 孙 洁 王金叶 王玉君 崔辰敏 朱敬亚

2016 届在职图书馆学硕士

张雪莉 杨佳鸣

2016 届在职档案学硕士

乔 园

2016 届在职情报学硕士

邓敬萍

2017 届全日制图书馆学硕士

冯佩茹 陈少芳 郑雅娟 张静良 施占鑫

2017 届全日制档案学硕士

高胜楠 侯 琳 王 烨 吴晨菁 黄海叶 刘桂芹
刘晓璐 张 丹 董一超

2017 届全日制情报学硕士

李亚菲 赵一凡 道玉明 韩 康 李慧贞 赵 毅
包东肖 闫 婧 李木子 梁园园 闫明英 张丽娟
李 丹 王涵墨 王 倬

2017 届全日制图书情报硕士

王 潇 张馥郁 张 楠 苏 正 李素芳 简 丹

李文睿 王卫红 高晓洁 曹 冲 郝亚可 赵佩端
刘怡昕 邸一凡 张 冰 赵小会 王若龙 路 璐
田亚婷 桂 潇 焦冬娜 杨 东 崔白露 宁 苗
孙 贝

2018 届全日制图书馆学硕士

柴 伟 褚嘉欣 董 帅 李正馨 孙齐梦 袁珍珍

2018 届全日制档案学硕士

李 洋 苗倩倩 尚子明 宋晶晶 袁 永 张瑞瑞
张燕子 赵盈盈

2018 届全日制情报学硕士

蔡程瑞 曹 迪 陈蕾阳 陈令荣 郭骅祥 韩 璐
侯 璐 李美洁 刘建霞 刘 田 石凤娟 孙福临
姚 远 张凯亮 张 楠 朱晓庆

2018 届全日制图书情报硕士

陈旭茹 杜雪璇 樊 铭 冯青文 付家炜 郭景洋
贾思远 焦 濛 李琳琳 李 宁 李心蕊 刘京翰
刘 旭 卢 璐 孟文雅 彭 锦 盛 尚 孙富杰
王 珂 王针臻 肖韵音 徐慧平 杨 真 杨 卓
袁 玥 臧弘毅 郑志学

2019 届全日制图书馆学硕士

张彤坤 郭维嘉 史丽婷 王绍霞 石庆功

2019 届全日制档案学硕士

田佳禾 李 静 姚博文 赵 宇 张 灿 余焕漳

杨卉莹　王晓通　娄海婷　王飞鹏

2019 届全日制情报学硕士

刘海云　徐启玲　姜小函　朱一梅　黄若尧　陈威兵
王秀娟　齐振红　闭利高　周丽媛　张奕阳　张　坦
李雅静　韩永丽　孙佳佳　王艺枫　刘博浩　陈艳云

2019 届全日制图书情报硕士

蔡志余　陈功民　邓勇勇　郭丹丹　郭会莹　解楠楠
胥　升　刘　婧　刘兆幸　马　凯　彭永峥　孙　佳
陶雪然　田舒涵　王　奥　王路瑶　王　楠　王　琦
吴寒雪　肖　洋　徐　曼　姚力行　原　源　张益激
郑　蒋　郑芳芳

2020 届全日制图书馆学硕士

丁　一　方子信　焦　洁　李　皓　王小宇　杨伟利
袁祖笑

2020 届全日制档案学硕士

陈焕焕　陈　冉　党伟宁　各玉杰　加雪晶　李果元
刘睢华　王　迪　冯　冰

2020 届全日制情报学硕士

李佳益　崔　燚　陈　玲　杜　洋　付卫宁　高珊珊
郭　云　李长晴　邵畅畅　万珊珊　王　璐　王小凯
吴少聪　闫　萌　袁　颖　张　猛　张启源　皮玉鑫
杨贞玺　原艺佳

2020届全日制图书情报硕士

陈傲杰 陈丽珍 高　静 耿雨蒙 黄春阳 蒋智慧
李　晨 李　柯 李坤宸 李荣辉 李　昭 廖桂敏
刘思佳 刘　瑛 谭含玉 王　琳 王雅倩 卫　冉
吴东昌 杨　萌 元杨芳 张　静 张　男 张　阳
赵林霞 赵　雪 蒋尚蓉 周燕琼

2021届全日制图书馆学硕士

安　琪 陈宝楼 段赛月 李齐栋 孙明伟 武　童

2021届全日制档案学硕士

高梦杰 李婷婷 吕萌萌 王丹凤 杨　莹 张丽华
张亚兵 郑芳芳

2021届全日制情报学硕士

程　成 韩　璐 黄书瑞 费瑞堂 李京珂 李俊良
万佳琦 王晓丹 王艺博 王震飞 闫家慧 袁　扬
张贝贝 张广轶 周晓倩 王　路

2021届全日制图书情报硕士

李芊芊 兰钰嵛 沈敏垚 卢梦恬 万明明 赵炎冰
王　冠 蒋亲亲 游晓蕊 丁　艳 方　言 王潇然
刘歌儿 李正南 夏婉悦 唐奕明 张　歌 李佳楠
郭玲玉 高　婷 张青霞 刘晨杰 陈　莹 李笑寒
李　晓

2022届全日制图书馆学硕士

孟听宇 周也馨 王雨潇 叶　泠 李柯锌 李舒杨

常　悦　霍云萱

2022 届全日制档案学硕士

方　路　杨莹莹　董晨雪　徐云爽　尚楷晴　彭登辉
候留博　段晨颖

2022 届全日制情报学硕士

周文奇　韩梦馨　孟丽慧　董焕情　卢劲草　于政杰
李彦博　杨　娜　李涵丽　孔小换　谢莹莹　王宇豪

2022 届全日制图书情报硕士

胡斐然

2023 届全日制图书馆学硕士

王楚铮　王　涛　景玉宇　李　强　陈中坤　李扬扬
田季鑫　张宝莹　崔玟斌

2023 届全日制档案学硕士

白路浩　李欣钰　史灵敏　翟文雅　甘韶琪　韩彤彤
师　帅　田德宝　张昊萱　张　倩

2023 届全日制情报学硕士

潘圆方　秦璐涛　于飞洋　吴晶晶　吴亚锋　张丽玟
李旭飞　梁涵笑　刘　琦　杨会娟　丁倩文　高鑫宁
杨　昭　张琳琳

2023 届全日制图书情报硕士

陈　宝　董文馨　郭孟含　郭妍颖　韩二莹　冀启源

江　琪	李　杰	李雨晴	刘琳琳	刘明桢	刘思琪
马明瑞	倪静雯	申世玉	宋昊霖	苏延溥	孙改改
汪晓博	王　栋	王家振	王京超	王路平	王　梦
王天辰	温桃红	吴　怡	杨俊宇	杨一帆	袁梦帆
曾庆坤	张　应	赵艺冉	郑紫薇	周安然	周鸿昌

四 博士研究生名录

公共管理专业

2016 级 李哲

2018 级 张凯亮

2019 级 黄若尧

2019 级 娄海婷

图书情报与档案管理专业

2022 年 肖洋